英语口译教学研究与探索

付云云　聂　丽　著

东北林业大学出版社
Northeast Forestry University Press
·哈尔滨·

图书在版编目（CIP）数据

英语口译教学研究与探索/ 付云云，聂丽著.--哈尔滨:东北林业大学出版社，2024.2

ISBN 978-7-5674-3465-3

Ⅰ.①英… Ⅱ.①付… ②聂… Ⅲ.①英语—口译—教学研究Ⅳ.①H315.9

中国国家版本馆CIP数据核字(2024)第048027号

责任编辑：姚大彬

封面设计：郭　婷

出版发行：东北林业大学出版社

　　　　　（哈尔滨市香坊区哈平六道街 6 号　邮编：150040）

印　　装：北京四海锦诚印刷技术有限公司

开　　本：787 mm×1092 mm　1/16

印　　张：12.75

字　　数：299千字

版　　次：2024 年 6 月第 1 版

印　　次：2024 年 6 月第 1 次印刷

书　　号：ISBN 978-7-5674-3465-3

定　　价：72.00元

前 言

随着我国经济社会的不断发展，国际事务交往愈显频繁，社会对口译的需求越来越大，国内对于口译的研究也因此更加重视，口译领域的研究取得了长足的进步与发展。但与此同时，口译领域研究的一些问题也逐渐显现。大多数学者往往集中于口译的历史、原则、策略、教学等领域进行单纯的理论化研究。众所周知，笔译是口译的基础，若能熟练地把笔译的技巧用在口译上，无疑会对口译质量的提高起到事半功倍的作用。虽然也有学者进行过口译与笔译的比较研究，但这种对比往往只停留在泛泛地介绍笔译和口译特点的不同，在实际的教学及实践中，往往出现理论脱离实际的情况。随着中国在国际性活动和事务的参与度也越来越高，对于口译服务的需求量不断攀升，口译这一职业不断发展。口译职业的热门化催生了口译学习的热情和需求。

为提高口译教学的质量，依据口译的特点和口译教学的目的及方式，英语口译课应采取以技能训练为核心，兼顾理论学习和语言训练的教学模式。注重培养学生的口译技巧技能和出色的心理素质，同时重视学生的社会文化能力的培养。本书是一本关于英语口译教学的著作，通过对口译基础内容的分析，探讨了口译技巧与策略，重点分析了现代的口译技术。本书也对于英语口译实战训练以及英语口译的发展进行了研究，旨在探索适用于口译课程的口译教学和评估模式，让两者能够更好地相互结合，相互启发，优化口译能力培养，从而提高我国口译课程的教学水平。本书适合外语专业，特别是口译方向师生阅读参考。

本书是建立在对口译教学和口译实践中的种种现象和问题的观察和思考之上，是在口译教学理论方面进行的尝试性的探讨，希望书中的拙见和粗浅研究能够为正在蹒跚的国内口译教学理论研究、口译员培养和高校各层次口译教学的顺利开展略尽绵薄之力，不求为金玉良言，但求为抛砖引玉，为众学者今后在相关领域里展开更深入的研究和多层次的探讨提供一些思路和参考。书中难免会有不足之处，希望广大专家、学者及同仁提出宝贵意见。

目　录

第一章 口译基础

第一节 口译概述

一、译员的素质

口译是一门专业要求很高的职业。虽然粗通两国语言的人也可以做一些简单的口译工作，但是他们却无法承担正式的口译任务。要成为一名优秀的职业译员，除了一些必要的生理条件和心理条件之外，通常需要经过专门学习和强化培训，培养和提炼职业译员所必须具有的素质。一名专职译员应具备哪些基本条件呢？

译员必须具有良好的职业道德和爱国主义的情操。译员的活动属外事活动，译员的一举一动、一言一行都关系到祖国的形象、民族的风貌、机构的利益。译员在口译工作以及与口译工作有关的活动中，应遵守外事纪律和财经纪律，严守国家机密，严格按口译工作的操作程序办事；必须忠于职守，对交谈双方负责，严守服务对象的机密；要洁身自爱，不谋私利，不自行其是，不做有损国格和人格的事。

译员必须有扎实的两种语言或两种以上语言的功底。译员的双语能力不仅指通晓基本语言知识，如语音语调、句法结构、词法语义等知识的掌握，更重要的是指运用语言知识的能力（如听、说、读、写、译）。此外，译员还应该了解各种文体或语体风格和语用功能，掌握一定数量的习语、俚语、术语、谚语、委婉语、略语、诗句等词语的翻译方法。

译员必须具备清晰、流畅、达意的表达能力。译员在口译时，要做到语速不急不缓、音调不高不低、吐字清晰自然、表达干净利落、择词准确恰当、语句简明易解、译文传神传情。

译员必须有一个敏捷、聪颖的头脑，具备良好的心脑记忆能力、逻辑思维能力、辨析解意能力和应变反应能力。

译员必须有广博的知识，对政经知识、人文知识、科技知识、商贸知识、法律知识、史地知识、国际知识、民俗知识、生活常识等等，都要略窥门径。

译员必须具有高尚、忠诚、稳重、谦虚的品格和大方素雅、洁净得体的仪表；必须讲究外事礼仪、社交礼节和口译规范；在口译工作时，要忠实翻译，做到不插话、不抢译、不随意增减原文内容；要把握角色，不可喧宾夺主、炫耀学识；要随时检点自己的服饰和仪容，戒除不拘小节、不修边幅的习惯。总之，一名合格的口译译员应该是一个仪表端庄、举止大方、态度和蔼、风度儒雅、言谈得体的外交家。

二、口译的定义

口译是一种通过口头表达形式，将所听到（间或读到）的信息准确而又快速地由一种语言转换成另一种语言，进而达到传递与交流信息之目的的交际行为，是人类在跨文化、跨民族交往活动中所依赖的一种基本的语言交际工具。

人类的口译活动不是一种机械地将信息的来源语符号转换为目标语符号的"翻语"活动，而是一种积极、始终以交流信息意义为宗旨、具有一定创造性的"译语"活动。因此，口译不是孤立地以词义和句子意义为转换单位的单一性语言活动，而是兼顾交际内容所涉及的词语意义、话语上下文意义、言外寓意、语体含义、体语含义、民族文化含义等信息的综合性语言活动。从这个意义上说，口译不仅仅是语言活动，而且还是文化活动、心理活动和社交活动。

从事上述口译工作的人叫作译员。在相当长的时期里以口译为职业的人叫作职业译员。除了职业译员外，还有一些人叫作兼职译员和自由人译员。自由人译员以承接口译任务为基本职业，他们可能有固定的服务对象，但不从属于任何一个正式的翻译机构。偶尔做些简单应急之类口译工作的人不是通常意义上的译员。

译员必须是掌握两种语言（或两种以上语言）的语言知识和语言能力的双语人。但是，一个能说两种语言的双语人不经过训练未必能成为称职的译员。这就是说，译员的前提是双语人，而双语人不等同于译员。这好比说，一个本族语为英语的人并非自然而然是一名口译教师，并非能称职地向母语为非英语的人士教授英语。又譬如说，发音器官无障碍的人都会唱歌，但一个发音器官正常的人不一定是一个歌手。口译所需的双语知识和双语能力仅仅是口译的语言基础。口译依赖双语符号系统的有效转换以传递信息，保持交际双方信息渠道的畅通。暂且不论两种语言符号系统之间存在着种种非对等性，即便一个能流利讲两种语言的人具备一定的双语转换知识和技巧，但语言符号的有效转换不仅涉及一个人的语言知识，而且还涉及这个人的语言解意能力、反应记忆能力、信息组合能力、语言表达能力以及文化背景知识。具有双语能力的人可以通过系统学习、强化训练和勇于实践，进而较好地掌握口译知识和技能，成为一名合格的职业译员。

三、口译的标准

衡量口译优劣有两条基本标准：一是准确，二是流利。

自从严复提出了"信""达""雅"翻译三标准之后，翻译界尽管对"信""达""雅"的解释各有不同，但是大部分学者对这些标准所持的态度是肯定的。翻译能做到"信""达""雅"固然不错，问题在于翻译不是照相业的复制行当，难以做到"信""达""雅"三全。基于不同文化的各族语言在翻译过程中难保原汁、原味、原形、原貌，因而"信"达"雅"只能是相对的。有时"信"虽然达标，而"达"和"雅"却有所不达，有所不雅。于是便出现了"信""达""雅"三标准之主从关系的争论。时至今日，争论仍在延续，焦点无非集中在翻译究竟应以"直译"还是"意译"为本的问题上。

其实，"信""达""雅"作为衡量笔译作品质量之优劣的三条标准，是一个互为依存、缺一不可的整体，片面强调"直译"或"意译"的孰主孰辅是无意义的。一篇上乘的译文从内容到形式都应忠实反映原文的内容和形式，都应被译文的读者所感知和理解。译文的内容、精神和风格不可顾此失彼，应该基本做到"信""达""雅"。任何刻意的直译或意译行为，单方面地求"信""达""雅"中的某条标准，严格说来都不是真正意义上的翻译，而是"改译"或"编译"。

至于口译的标准，套用笔译的"信""达""雅"三原则是恰当的。口译不同于笔译，口译的"现时""现场""限时"的特点决定了口译的标准有别于笔译的标准。衡量口译质量的基本标准应该是"准确"和"流利"。

首先，口译必须准确。不准确的口译可能是"胡译"，可能是"篡译"，也可能是"误译"，是不能容忍的。准确是口译的灵魂，是口译的生命线。准确要求译员将原语这一方的信息完整无误地传达给目标语的那一方。具体说来，口译的准确涉及口译时的主题准确、精神准确、论点准确、风格准确、词语准确、数字准确、表达准确、语速准确以及口吻准确等方面。归根结底，准确的译语应该同时保持原语的意义和风格。准确的口译不仅是双语成功交际的保障，而且也是译员职业道德和专业水平的集中体现。准确的口译不仅体现了译员对交际活动的尊重和负责，而且也体现了译员对交际双方的尊重和负责。必须指出，我们所讲的准确性并非是那种机械刻板的"模压式"口译或"盖章式"口译。例如，对原语者明显的口吃，不可妄加模仿。如法炮制说话人的语疾不是忠实翻译，而是人身侮辱。对交际一方过快或过慢的语速、明显的口误或浓重的口音，译员也不可模压炮制，鹦鹉学舌般地如数传递给另一方。

流利是译员必须遵循的另一大标准。译员在确保准确口译的前提下，应该迅速流畅地将一方的信息传译给另一方。如果说准确也是笔译的基本要求，那么流利则充分体现了口译的特点。口译的现场性、现时性、即席性、限时性、交互性等因素要求口译过程宜短不宜长，节奏宜紧不宜松。口译是交际工具，工具的价值在于效用和效率。工具首先得有效用，否则就不称其为工具，但有效用而无效率（或低效率）的工具绝不是好工具。那么，如何来衡量口译的流利程度呢？口译的流利程度包括译员对原语信息的感知速度和解析速度，及其用目标语进行编码和表达的速度。通常，口译时译员对母语信息的感知速度和解析速度快于对外语信息的感知速度和解析速度，同时用母语编码和表达的速度也快于用外语编码和表达的速度。在口译场合，译员对信息的感知和解析受到"现时""限刻"的制约，无法"自由自在"地调节速度，所以必须同步加工。而在编码和表达阶段，由于译员可以自我控制速度，所以目标语为母语的口译所需要的时间相对少于目标语为外语的口译所需要的时间。当然，口译的类型、内容、场合、对象、风格等因素都会对口译的速度产生影响，用同一把尺子来衡量不同类别的口译是不合理的。一般说来，我们可以依据译员所用的口译时间是否同发言者的讲话时间大体相等来衡量口译是否属于流利。以两倍于原语发言者的讲话时间进行口译者显然不能被视为流利。

四、口译的模式

口译由"译能""译技"和"译为"三个相互关联的组成部分构成。"译能"指的是口译能力，"译技"指的是口译技巧，"译为"指的是口译行为。

译能系译员的知识体系、语言能力、心理素质和道德意识的综合才能。知识体系含语言知识、社会知识、通用知识、专用知识等。语言能力含语言感知能力、辨析解意能力、转码处理能力、连贯表达能力等。心理素质含短时记忆素质、压力承受素质、现场应变素质、虚怀以待素质等。道德意识含忠贞意识、诚信意识、保密意识、服务意识等。译能在一定程度上是一种天赋才能。几乎懂双语者都可以从事某种程度的口译，但是绝对做不了高级口译。一名出类拔萃的高级译员通常天资聪颖，具备常人没有的口译天分。但是，口译天分不等于口译才能，译能的很大一部分不是先天赋予的，而是后天练就的。良好的译能不可能一蹴而就，而需经历一个逐步形成、渐进完善的过程。译能源自一分天资，九分努力，虽然"朽木不可雕"，但是"百炼能成钢"。"只要功夫深，铁杵磨成针"讲的就是这个道理。

译技是译员所掌握的口译技巧体系，它含语言知识运用的话语技巧，以及心智能力展现的认知技巧。口译成功与否在很大程度上取决于译员口译技巧的掌握和运用程度。译技包括耳听会意技巧、笔头速记技巧、语言表述技巧、主题借用技巧、论点预测技巧、信息归纳技巧、生词解意技巧、寓意揣摩技巧、话语转承技巧、语码重组技巧、场景利用技巧、障碍排除技巧等。译技获得的主渠道是实践。口译实践需要苦练、实练加巧练，口译实践是一个"实践总结一实践一提高"的过程。技巧、技巧，生而丢技，疏而弃巧。所谓"熟巧"，其道理无非就是"熟能生巧"。

译为是译员的日常口译行为，是译员口译活动的具体实践。译为既是译能的体现，也是译技的展示。译为可以表现为信息的单向传译，即单一地将 A 语译入 B 语，或将 B 语译入 A 语，也可以表现为信息的双向交流，即 A 语和 B 语的交替译出或译入。译为可分为操练性译为和真实性译为两种。操练性译为系编造性口译行为，是培养译员的主要方法，其难度和量度是可控的，内容是可知的，甚至是已知的，操作属量体裁衣式，符合"因材施教"的教学原则。真实性译为是真实场景下的口译行为，属译员的正式口译操作，其难度和量度是可变的，内容可能是可预测的，也可能是变化难测的，操作时心理压力大，译员的注意力更为集中，情绪更为激动，译效持续更为久远。口译培训时，教师若能适时将操作性译为尽可能地转变为真实性译为，则教学效果更为明显。

译能、译技、译为三位一体，构成了口译模式的主要内容，是译质的综合体现。三者的特点可有如下之表现：译能是口译活动的动力，是口译译质的核能，是口译信息传递的基础，是口译水准的源泉。译技是口译活动的手段，是口译译质的协能，是口译信息传递的便道，是口译水准的保障。译为是口译活动的目的，是口译译质的效能，是口译信息传递的实现，是口译水准的刻度。

译能、译技、译为互跟互用，互为依存，互为转化。译能更多地存在于译员的头脑里，译技更多地存在于译员的心智中，译为更多地表现在译员的舌尖上。

译为虽然依赖译能和译技而体现，但不一定能如实展现译能。有良好的译能不一定确保每次都有良好的译为，就好比一个有良好体操能力的运动员不一定每次都有良好的体操表现。译能是静态的、稳定的，译为是动态的、变化的。译能没有例外，而译为却可表现为失常。

译能差，译为一定差，而译能优却不一定保证译为优。译为以译能为基础，但可以提炼译能。译技是一系列知识运用的技巧，可以通过译为不断增加数量、提高质量。译技不断提高的过程也是译能不断完善的过程。一般说来，译为越多，译技则越高，译能也就越强。没有译为的译能可能是停留在书面上的一些口译理论知识，而没有译为的译技则是不存在的。"熟能生巧"的熟巧关系可以表明译为与译技之间的关系。

五、口译的过程

口译的基本过程是输入、解译、输出：

输入→解译→输出

从口译过程的形式上看，口译将信息的来源语形式转换为目标语形式，即由"源语"转码为"译语"：

源语输入→语码转换→译语输出

从口译过程的内容上看，口译从信息的感知开始，经过加工处理，再将信息表达出来：

信息感知→信息处理→信息表达

口译过程的这三个阶段可具体分解为信息的接收、解码、记录、编码和表达这五个阶段：

接收→解码→记录→编码→表达

译员对信息的接收有两种渠道：一种为"听入"，一种为"视入"。听入是口译中最基本、最常见的信息接收形式，是口译的重要环节。语言信息的听入质量与译员的听觉能力有关。视入是视译时的信息接收形式，这种形式在口译中较少见，有时用作听译的辅助手段。当译员听入母语所表达的信息时，除了不熟悉地方口音、怪僻语、俚语、古语、专业词语或发生"耳误"情况外，听入一般不会发生困难。当译员听入非本族语所表达的信息时，接收信息将可能构成一道难关，译员对外语信息可能会少听入或者未听入，甚至会误听。接收有被动接收和主动接收两种，被动接收表现为孤立地听入单词和句子，译员的注意力过分集中在信息的语言形式上。主动接收是指译员在听入时十分注意信息发出者的神态和语调，注重信息的意义（包括信息的语境意义和修辞意义）。译员在接收时应该采取主动听入的方法。解码是指译员对接收到的来源语的信息码进行解意，获取语言和非语言形式所包含的各种信息。

原语信息码是多方面、多层次的，有语言码，如语音、句法、词汇等信息，也有非语言码，如文化传统、专业知识、信息背景、表达风格、神态表情等信息，也有介于两者之间的，如双关语、话中话、语体意义等信息。由于原语信息码丰富复杂，既呈线形排序状，又呈层次交叠状，所以译员对原码的解译处理不可能循序渐进、逐一解码。对语言信息的立体式加工处理是人脑的物种属性，译员在解译语言信号的同时会综合辨别和解析各种微妙的非语言信号以及它们同语言信号之间可能发生的关系。这就是智能翻译机无法取代人工口译的主要原因之一。有必要指出，译员的感知和解码能力与其储存在长时记忆中的知识和经验有着密切的关系，尤其是译员的解码能力，会随着知识面的扩大和经验的丰富而增强。

记录，或者叫作暂存，是指将感知到的语码信息暂时储存下来。当以某一种语码形式出现的信息被感知后，在转换成另一种语码前，须暂时储存下来。口译的信息记录采用两种形式，一种是以"脑记"为主，一种是以"笔记"为主。口译记录可以使感知的信息尽可能完整地保存下来，经过转码处理后再完整地传送出去。记录不善往往导致来源语的信息部分丢失，甚至全部丢失。由于口译内容转瞬即逝，良好的记录显得十分重要，它反映了口译职业的独特要求。记录，尤其是"脑记"形式，往往与解码同步发生。越是简短的信息越便于大脑记录，越是容易解码的信息越容易记录。

短时记忆能力强的译员常以"脑记"代替"笔记"，但对于大段大段的信息，重"脑记"而轻"笔记"是危险的，是靠不住的。无论采用"脑记"还是"笔记"，译员所记录的内容主要是信息的概念、主题、论点、情节、要点、逻辑关系、数量关系等。对于单位信息量较大的口译，译员宜采用网状式的整体记忆法，避免点状式的局部记忆法。孤立的记录不仅效率低，而且没有意义。有意义的记录是以有意义地理解为前提，没有理解的记录会导致误译或漏译。

编码是指将来源语的信息解码后，赋以目标语的表达形式。编码涉及信息语言的结构调整和词语选配，译员必须排除来源语体系的干扰，将原码所表达的意义或主旨按目标语的习惯表达形式重新遣词造句，重新排序组合。经过编码加工后的信息不仅要在语言形式上符合目标语的表达规范，而且还应该在内容上保持信息的完整性，在风格上尽可能保持信息的"原汁原味"。口译的编码技巧与笔译的编码技巧相仿，所不同的是，口译要求快速流利，所以无法像笔译那样有时间斟酌字眼，处理疑难杂症，追求目标语的"雅致"。

表达是指译员将以目标语编码后的信息通过口头表达的方式传译出来。表达是口译过程的最后一道环节，是全过程成败的验收站，也是口译成果的最终表现形式。口译表达的成功标志是准确和流利，只有准确流利的表达才能在交际双方中间构筑一座顺达的信息桥梁。口译表达虽无须译员具备伶牙俐齿、口若悬河、能言善辩的演说才能，但口齿清楚、吐字干脆、音调准确、择词得当、语句通顺、表达流畅却是一名职业译员必备的条件。

六、口译的特点

口译是一项很特殊的语言交际活动。说其特殊是因为口头翻译工作有一些突出的特点。

首先，口译是一种具有不可预测性的即席双语传言活动。口译人员需要在准备有限的情况下，即刻进入双语语码切换状态，进行现时现场的口译操作。有些口译场合，如记者招待会和商务谈判，口译话题千变万化，往往难以预测。译员或许可以通过事先确定的交谈主题来预测交谈各方的话题。但是，译员的任何估计都不可能是充分的，而且主观预测也是靠不住的，甚至是危险的。此外，交际各方都希望能连贯表达自己的思想，并能迅速传递给对方。但是由于在语言不同的交际双方之间介入了一个传言人，这在一定程度上影响了信息表达的连贯性和接收的快捷性。正因为此，交际双方都希望作为交际中介的译员不要过多地占用他们的交谈时间，尽可能做到捷达高效。这就要求译员具有高超的即席应变能力和流利的现时表达能力。

现场气氛压力是口译工作的另一特点。口译场面有时非常严肃庄重，如国际会议和外交谈判。正式场合的严肃气氛会给经验不足的译员造成较大的心理压力，紧张的情绪会影响译员的自信，怯场的心态会使译员口误频生。瞬息万变的现场气氛会使译员反应迟钝，从而影响口译水平的正常发挥。一般说来，译员的翻译行为不可有意掩饰或调和现场气氛。如实反映口译现场的气氛和主题是口译的基本职业规范。交际现场气氛无论是热烈的，还是沉闷的，无论是严肃的，还是随和的，交际信息都不应该因译员不恰当的过滤而受到损失。此外，译员的口译精神不可超脱现场气氛，更不应该凌驾于现场气氛之上。译员的口译神态应该是如实反映场景气氛的一面镜子。

口译的另一特征是个体性操作，译责重大。译员属单打一的个体工作者，其劳动具有很强的独立操作性。通常，译员在整个口译过程中基本上是孤立无援的。译员必须随时独立处理可能碰到的任何问题。有些问题属语言类，与译员的双语知识有关；有些属文化传统类，与译员的民族知识有关；有些属自然科学类，与译员的学科知识有关；更多的属社会科学类，与译员的社会、文化、国情、时事等方面的基本知识有关。译员无法回避面临的任何一个问题，无路可退，只有正视每一道难题，及时处理每一道难题。

在口译过程中，译员不可能查询工具书或有关参考资料，也不能频频打断说话者，要求对方重复自己所讲的内容，解释其中的难点。作为个体劳动者，译员要对自己的口译负责，不可胡编乱造，信口雌黄，自我得意；不可"自圆其说"，瞎猜乱凑，以期歪打正着；不可"你说你的，我译我的"，两条铁轨，永不相交。译员应该认识到，"译（一）语即出，驷马难追，自己的译语，字字句句，重如千金，随意不得。有些场合口译出错，还可期望在以后起草书面协议时予以纠正。然而许多口译，如国际会议口译，没有后道工序的补救机会。对于口译，所谓的"译责自负"原则没有多大意义。译员自知"译责"重大，只是在重要口译场合铸成大错，恐怕自己想"负"此责，也"负"不了。

口译是一种综合运用视、听、说、写、读等知识和技能的语言操作活动。"视"是指译员须具有观察捕捉说话者的脸部表情、手势体姿、情绪变化等非语言因素的能力。"听"是指译员能够耳听会意各种带地方口音以及不同语速的话语的能力。"说"是指译员能用母语和外语进行流利而达意地表达的能力。"写"是指译员在口译过程中能进行快速笔记的能力。"读"是指译员在视译时能进行快速阅读和理解的能力。口译属一种立体式、交叉型的信息传播方式。多层次的信息来源和传播渠道，既给口译工作带来了一定的困难，如说话者浓重的地方口音和过快的语速给译员带来的耳听会意的困难，同时又为口译工作创造了颇为有利的条件，如说话者抑扬顿挫的语音语调，生动直观的体语表现，现场各种与口译内容有关的景物，如旅游景点和博物馆的实景实物，所有这一切都是辅助口译的有利条件。

信息交流的内容包罗万象，是口译的又一特点。职业译员的口译范围没有限界，内容可以上至天文，下及地理，无所不涉，无所不包。毋庸置疑，口译是一门专业性很强的职业，口译要求译员有扎实的语言知识功底、流利的双语表达能力和娴熟的转译技能。口译要求译员成为一名语言专家和交际能手，这非一日之功。然而，这些仅仅构成译员的语言基本功。由于口译的服务对象是各界人士，他们来自各个阶层、各行各业，有着不同的教育背景和文化背景，在交际过程中他们会有意或无意地将自己所熟悉的专业知识表达出来，这是译员无法避的现实。当然，无人能够精通百家、博晓万事，无人能说自己天文地理、古今中外，无所不知、无所不晓。但是，口译内容的繁杂无限却是不争的事实。坐在翻译席上的译员，自然而然地被视为既是一名精通语言的专家，同时又是一名通晓百事的杂家。

第二节　口译语料库

一、语料库

（一）语料库概述

当前，语料库语言学的研究日益活跃，基于语料库的应用性研究范围日趋扩大，研究层次也日渐深入。但是，口译研究（特别是实验性研究）多使用书面体色彩很浓的语言材料，且针对具体研究目的常常进行人为处理（如词汇、句长、篇幅、语速等）而且相关研究多在语音室或实验室内进行。此外，研究对象多是口译学员，甚至是没有口译经验的人员，而职业口译人员所占比例很少。显然，以上这些研究材料与研究环境均与实际口译情景存在明显差异，具体研究结论能否如实反映真实口译过程及特点自然受到许多研究人员以及职业口译员的质疑甚至否定。

因此，开发以实际口译情景为基础、以现场口译操作为对象的口译语料库，既为口译研究提供了更客观而真实的研究素材，克服了以往研究对象与实际口译情景脱节的弊端，同时对拓展口译研究范围、深化研究层次也有重大意义。主要表现为：①利用口译语料库，参照其他笔译语料库，以大量的实际语料和客观数据进一步描述并总结口译语言特点，深化口／笔译活动的对比性研究；②对现有口译理论、观念进行实证性的验证和分析、"脱离源语语言外壳"在实际口译情景下的具体表现；③对口译策略与技巧的实证性考察与分析（如口译策略的应用程度、效果，特别是不同口译水平的人员在策略应用上的具体差异）。

总之，基于语料库的语言分析与研究已深入人心。任何对语言进行描述和分析的研究如果想得到可靠的发现，就必须以大量的客观的语言运用数据为依据。因此，有理由相信，口译语料库必然会成为深化口译研究的一个既新颖又有力的研究工具。

（二）口译语料库的分类

口译语料库可分为类比语料库和对应语料库两种。

1. 类比语料库

在语料库翻译研究中，类比语料库一般指针对某一领域的同一语言中翻译文本与非翻译文本组成的语料库。若是双语类比语料库则包括两种语言的相似文本。最理想的口译类比语料库至少包括三个子库：口译译文文本库、在相似场合发表的与源语同类的口语文本库及与以上源语口语文本库相对应的笔译译文库。这样设计的目的主要用途如下：

第一，用于研究口语文本。口译译文作为一种特殊的口语文本，研究者可以把收集的口译译文切分成片段，与相同语言的其他自发性口语文本相比较。这样即使不考虑源语，亦能研究口译文本的特殊结构。

第二，用于研究口译译文与笔译文本的区别。口译译文也可以与相对应的笔译译文比较，便于找出口译文本结构的其他特征。换言之，口译类比语料库可以从不同角度分别探索口译文本的独特性，亦能跨越类型、语言和口译个案特征，从而研究口译文本作为整体的共通性。这些特性和共性的研究，对某些还没有被证实的口译处理过程，如处理能力的限制等必然大有裨益，同时亦更能帮助更系统地描述口译现象，如口译中的转移等。

基于语料库的笔译研究，其传统研究对象是语言对的特定因素和个人变量，如：性别、经历、语言背景等对翻译的影响。但口译语料库除了上述这些领域外，还可以拓展至研究译文的结构与形态间的相互关系，而这就可以借助于口译对应语料库。

2. 对应语料库

口译对应语料库也要包括三个子库：源语文本库、相对应的口译译文文本库和相对应的笔译译文文本库。通过对相同源语和两种译文的比较（口语形式和书面语形式），研究者可以测试两种语言形式取得功能等效时，依赖形态的程度有多大。

例如，源语"可以"一词，笔译可能为"may"，而口译目标语可能除了"may"还有"can""shall"，也即形态有了变化。而口译对应语料库的其中一个研究目的就可以用来发现和比较口译译文中形态变化的规律。这样设计的好处是不仅可以研究口译目标语的特点，还能够进一步研究非言语因素对口译的方向性和语言特征的影响。

概括起来，口译语料库不仅可以帮助我们探寻口译译文的特点，检验现存的口译理论，考察各种口译策略对口译效果的直接影响，还可以帮助我们撇开偏见，研究语际交流和口译的特殊性。这种基于语料库语言学的方法和技术将最终帮助口译研究实现从规定性研究到描写性研究的飞跃。

（三）口译语料库学习中表达语言特点

在通常情况下，在学生上口译课前，都需要先学习笔译，因为口译与笔译之间存在许多相同之处，都是先对原文进行理解和分析，再重新组织，用另外一种语言将原文意思表达出来。口译要求学生的英语水平和汉语水平都要比较高，并要有丰富的知识储备和强烈的责任感。同时，在口译的翻译过程中，还对学生的听力、记忆、表达等方面的能力有较高的要求——需要学生在现场即时完成。并且，学生所听到的话语只讲一次，不会重复，所以学生在理解的同时还需要立刻独立地进行一次性翻译。通常情况下，学生基本无法在现场求助于他人，也不能查阅其他的资料。如果在口译的过程中出现错误，就很难在事后进行纠正与弥补，即使能够纠正也是非常麻烦的。在口译时，学生的声音、语调、手势和面部表情都能加深其对说话内容的理解。

口译语料库中的主要内容涵盖有口译文本的相关语言特征，包括将词汇特征进行分析汇总，例如口译文本的词汇量以及变异、口译中应用较多的高频率词汇、相关词语的索引、语法、语句搭配以及词汇的相似性和陌生性。同时，对于口译文本中的语法和组成结构的语态应用进行了相关探索，结合口译文本中的语态类型、语篇模式以及口译文本中的精简性质等特征，口译操作过程中包括对原文隐喻的转换处理、快速口语分析、口译自我修整以及间断性同传和延退现象。

（四）国内外建成并完成研究的口译语料库

迄今为止，国内外建成并完成研究的口译语料库并不多见。在国外，大型的口译语料库有两个，即 CIAIR 口译语料库和 EPIC 欧洲议会口译语料库。国内则有中国大学生英汉汉英口笔译语料库。

1.CIAIR 语料库

CIAIR 语料库收录了总时长达 182 小时的录音资料，并全部将其转写成为文字，转写后的文字总数约有 100 万词，这让 CIAIR 语料库成为目前世界最大的同传语料库。语料库创建的目的在于研究语言信息处理技术，提高语言翻译技巧以及完善口译理论。数据库语料也对外出售，所得费用用于语料库维护和大学学术研究。

从 CIA1R 语料库录音的内容来看，所用语言组合均为英语和日语，言语种类包括对话和单独演讲。文本单位同时具备时间标注和文本识别标注。单独演讲由 5 兆到 150 兆不等；对话由 2.5 兆到 110 兆不等。每一段文本都配备了讲者声音同译者声音结合在一起的波段，且均经过声道处理。当戴上耳机听时，左右耳会分别传出讲者和译者的声音。

口译员在同传厢中通过麦克风发声，可以从耳机清晰地听到讲者并透过玻璃看到讲者的一举一动。讲者无法听到口译员的声音，所以可以按照自己自然的语速讲演。

据此语料库作出的研究包括机器同声传译、同声传译中口译员的语速和翻译单位、同传译员和讲者的语言输出时间差等。

CIAIR 语料库的最大优势在于其较大的规模，且具有相对完善的建库技术，非常有利于机器翻译，包括机器口译的研制与发展。机器口译（亦称为机助口译或自助口译）是自然语音识别技术与自动翻译系统相结合而形成的一种新的翻译模式。大规模的 CIA1R 口译语料库丰富了机器口译研究依赖的语料以及语言实践操作的基础，有助于挖掘口译中的一些自动对应的结构和规则。

CIAIR 语料库的不足之处在于其收集语料的主题有限，离满足不同交际情景的机器口译需求还有相当大的差距。另外，由于口译语料库收集语料的环境为口译训练教室，而非真实的口译工作环境，并不能客观反映实际口译操作时的情景，这在口译研究的"生态效力"上亦打了个折扣。

2.EPIC 语料库

欧洲议会口译语料库（European Parliament Interpreting Cor-pus，简称 EPIC）由意大利博洛尼亚大学的翻译语言和文化研究小组于 2004 年所建。此语料库为电子对应语料库，涉及的语种包括意大利语、英语和西班牙语。

EPIC 语料库收集的录音均来自欧盟议会全体会议的口译。语料库总规模为 140 个 4 小时的录影带。这些音像资料包括全体会议中的源语演讲（标识为"Org"）以及英语，意大利语和西班牙语声道的同声传译（标识为"Int"），亦有欧洲议会的新闻发布会的传译内容。

建库时，首先是将演讲者的源语录影带数字化，形成影音文件。在此过程中，将原来以意大利、英语和西班牙语的源语录音及相对应的同传译文分离，分别存储为独立的音频和视频片段。视频信息亦保留，以利日后进一步分析。

对于源语录音的转写，研究者主要参考欧盟在会议后发布的详尽的官方稿件，完成文字初稿，再经审阅而得。而口译录音的转写则较为复杂。具体而言，研究者采用同传培训中经常使用的影子跟读方法，一边听口译员的录音，一边大声重复他们的译文，同时利用语言识别软件将复述的言语自动输出文字稿。

译文中的副语言特征则由研究者补充完成。其他与译员的口译输出相关的信息，如言语的长度（长、短或中等）、发言模式（即兴、带稿或两者兼有）和平均速度（快、中等、慢）以及有关讲者的名字、国籍、性别和政治背景等，都记录在文字稿一个有着特殊设计的标头里，并可以用作检索的参数之一。在 EPIC 的网页上，如键入"发言时间"或者"译员、发言者的国籍"等，就可以搜索到整个语料库中具有所指定言语或讲者特征的语料。

EPIC 语料库采用 POS 标注，意大利语和英语的文本用的是 Treetagger 软件，西班牙语文本采用 Freeling 软件。建成之后的语料库共涵盖三个源语文本（分属意大利语、英语和西班牙语）的子语料库和六个译语文本的子语料库。换言之，每一种源语都有其他两个语言的译本，三种源语就有六个译本语料库。

EPIC 语料库最大的特点就是其语料的同质性。从译员角度看，欧盟译员全部是经过严格筛选的专业人士，专业水平相当，且口译方向均是由译者的被动语言译为主动语言，即母语。其他影响译员表现的外界因素变量，如会前的准备、工作的设备等对于所有欧盟译员而言都相似（如大家会前获得资料的途径和资料内容等都是一致的）。EPIC 语料的这些同质特点尤其适合用于研究特殊体裁同传，例如欧洲议会辩论口译的文体研究等。

由于 EPIC 语料库下共有九个不同语言构成的子库，这种结构上的复杂性为多角度的研究口译提供了可能。例如，研究者可以比较自然英文口语和口译英文在句法、修辞、词汇等方面的各种差别，进一步检验提出的非翻译文本和翻译文本两者本质不同的假设。研究者亦可研究同声传译译文的方向问题，以及不同语言组合在口译中策略和结构上的特点比较等。

除了研究作用外，EPIC 语料库还可以广泛应用于教学目的，包括普通外语教学和口译教学。在外语教学上，库中的源语视频片段是听力练习的好材料，而相对应的文字稿亦能帮助学生认识未知的词语和结构，以便更有效地更正错误和吸收新知识。而听力练习也可帮助学生提高外语的发音技巧。

在口译教学上，博洛尼亚大学已经把语料库运用于学院的翻译和口译教学培训课程之中。其中的一些做法包括：把 EPIC 的视频片段和文稿作为口译练习材料，或者把议会译员的输出作为学生考评或者学生自我评价的标准，以增强学生对于自己优缺点的认识。另外，口译语料库还可以成为选取真实场景作业的题库，教师可以直接运用其中的某些录音或是通过软件切分加工语料，让练习语料符合学生的实际水平。

3. 其他口译语料库

（1）DIRSI 语料库和 BOOTIE 语料库

除了 EPIC 语料库，还建立了 DIRSI 语料库和 FOOTIE 语料库。

D1RSI 语料库（Directionality in Simultaneous Interpreting）主要用于研究同传的方向。在欧盟，同传通常要求译者只能从被动语言译至主动语言，而反方向则通常不被鼓励，但这却与市场的实际情况（如东欧一些国家）背道而驰。DIRSI 语料库就是为专门研究同传方向对口译质量的影响而建。它收集了在意大利召开的国际会议中所有的同传录音，包括会议的开场白、陈述、辩论问答环节。其中辩论问答环节因为其较强的互动性而与其他独白体部分区别开来。以上录音都经过如 EPIC 语料库般的转写、对齐和标注等处理。

FOOTIE 语料库的录音均来自欧锦赛意大利队总共 16 场比赛前后的新闻发布会口译内容，涉及意大利语、英语、法语和西班牙语。为了保证语料的同质性，文字转写的部分均为源语为意大利语和目标语为英语的录音，源语材料超过两个半小时。所有的译文都由同一位口译员提供，均从意大利语译成英语。FOOTIE 语料库为同传语料库，新闻发布会的特征体现为高互动性的对话体，因此从这个角度看，FOOTIE 的语料与通常会议中的问答环节有相似的特点，均采用一人对一人或一人对多人的交流形式。但研究时需注意的是口译听众的特殊性，即除了直接观众（如在场的记者和工作人员）外，还应当包括不在现场但关注新闻发布会的人士，如世界各地的球迷以及撰写赛况和文章的媒体从业人员等。这些都是利用 FOOTIE 语料库做研究时需要注意的。

（2）多种专门用途口译语料库

除上述两个大型的、由机构所建立的口译语料库之外，国外亦有少数为专门研究某个问题由研究者自行建立的小型口译语料库。如用于研究交传和同传中对人名的处理和研究"医疗口译"的 K6 语料库；专门用于研究同声传译中的纠正机制的语料库；用于研究电视口译特点的口译语料库；研究英——意时事交传特点的类比和对应语料库等等。

以上口译语料库均属于专门用途口译语料库，针对性强，通常为解决某些专门问题而设，且库容较小，影响和应用虽不及前两者大型口语语料库，但其运用语料和实验，而不是传统口译研究中常用的思辨、内省来研究口译的方式，无疑开辟了口译研究的新天地，值得借鉴。

（五）中国大学生英汉汉英口笔译语料库

中国大学生英汉汉英口笔译语料库（Parallel Corpus of Chinese EFL Learners，简称 PACCEL）是由我国建立的包含中国大学生口译和笔译语料的大型学习者语料库。

PACCEL 主要分为两个子语料库：口译对应语料库（简称：PACCEL-S）和笔译对应语料库（简称 PACCEL-W），规模分别为 50 万字和 160 万字。光盘里，PACCEL 语料库的结构包含三个部分：口译语料库，笔译语料库和检索工具。口译语料库又包括音频和文字转写，文字转写在句子层面实现了源语和译文的对齐，还进一步具备生文本和词性标注的文本。笔译语料库则包括文字部分，并且所有文字部分也如口译语料库的文字转写部分一样，实现了句级对齐并具备生文本和词性标注两类文本。

该语料库使用了高质量的音频设备保证较高质量的数字化转录，即把磁带与电脑连接一起，在播放磁带的同时采集语音。所有录音文件也都使用广泛兼容的 MP3 格式保存以保证文件大小适中，然后用年份、组别、序列号组成每一份音频文件的名字，为检索打下基础。

PACCEL 语料库的口译语料主要收录的是 TEM8 测试中的口试部分，由于所选语料范围针对性强，所选群体为英语专业学生，故其同质性较高，再加上所选语料为 TEM8 全国统一考试，其测试标准一致，所以该语料库在代表性方面具有突出的优势，它的建成可以帮助研究者进一步了解中国学生学习英语的过程，对教学、研究、测试、培训以及教材编写、网络远程教育等都具有重要意义。

我国 PACCEL 语料库检索功能齐全，具备研究和教学价值，但其本质上是一个学习者语料库，研究领域受到局限。此外，如要更好地发挥 PACCEL 语料库对学习者学习进程的研究和比照作用，宜在该语料库中增加与口译输出相比照的笔译文语料库。相对而言，外国的大型口译语料库的建立目标明确，研究对象清晰，较易根据研究目的控制变量，语料的后期处理亦更为科学，且通常兼备常规和专门用途语料库的特点。当前，我国口译语料库的发展还处于起步阶段，已建成的语料库也通常用于英语教学领域，若要进行口译研究的活，语料涉及的变量还很难控制，这是我们以后建立大型口译语料库时需要注意的。

第三节　多模态语料库

多模态语料库是由于科学技术以及计算技术的发展而产生的新产物，多模态语料库中包括音频、视频以及文字等多种语言资料，通过将不同表现形式的语言资料进行整合分类，并对搜集的语料进行多模态形式的加工，包括信息的检索、录入、匹配等形式，将不同语料在视觉、听觉以及触觉等形式之间进行自由转换。

口译语料库中主要针对单模态的转化，实际是指将语音录入然后转换成单模态的文字语言，它具有一定的功能作用，能够对某方面的口译研究发挥出一定的作用，但由于单模态的转换，导致语料在录入与转换过程中丢失了大量的有用的信息，包括语气、手势、视觉信息等，导致口译场景的真实性存在着一定的质疑，并在口译学习中无法反应语料在场景模式中表达的本真意义。目前口译语料库的建设中多以文字语料库为主，或多或少地存在语料信息丢失的情况，口译研究中，音高变化、停顿、手势、表情等副语言表达都属于语料信息中的一部分。同时，语料信息在录入过程中，丢失了语料信息中极为重要的时间属性。

多模态语料库更加具有真实性，对于口译语料库的应用有着更加广阔的应用前景。对经过层次标准的口语语料库进行检索，能够实现口译文本的完整体现，包括其中的语法、语义以及音调等文字语料库不具备的优势，将非语言性的相关因素完整的保留并加以利用。多模态口译语料库中能够确保口译转换本文更加规范、精确，对于语言符号和非语言因素的转换更加协调，且有利于剖析两者之间的更深层次的关系。多模态口译语料库中对于原文的录入以及译文更加规范，两种口译信息之间对齐能够满足各种类型的检索要：求。同时，它将语料的声音、表情、动作等音频、视频文件快速地检索出，实现了循环播放的功能，让用户的操作更加简便。

多模态口译语料库除了能够用于学术研究，还能在口译教学以及机器口译系统中应用。口译语料库中的信息都是真实的人声材料录入，因此它用作口译教学能够给学生营造出一个非常逼真的语言氛围，能让学生感受到真实紧张的学习环境，提高口译教学质量。

多模态口译语料库建设框架：

一、建设意义

多模态语料库的建设是为了将语言符合与非语言符合进行有效的转换，应用系统的研究以及工具建立完整的语料数据库，方面学习人员通过多模态语料库获得实用性的知识。多模态语料库规范了译者的语言、语气、姿势、手语等，直接录入人的行为，从而真实地反映出不同状态条件下语言的正确表达方式。

多模态口译语料库是口译学习中不可或缺的重要工具。近年来，对口译语料库进行了大量的研究，并构建了一系列口译语料库，取得了较为理想的研究成果。

许多研究学者在构建过程应用诸多方法来弥补时间信息，但取得的效果都不尽如人意。以"CIAIR 同传语料库"为例，构建者应用线性时间转写的方法，希望能够补偿语料信息中丢失的时间属性，是指在语料的开头以及结果处进行标注，表明信息录入的准确时间，但由于单模态的符号转变，副语言信息通常难以实现，同时信息标准无法实现精准，在语料中的停顿副语言中，无法具体录入语言的停顿时间，导致语料口译研究的可靠性受到一定影响。

二、建库步骤

从以上对国内外主要口译语料库的回顾可以发现，如要建立口译语料库，一般要遵循以下五个步骤：

第一步，根据研究目的决定建立口译语料库的类型：对应、类比，还是两者兼具。

第二步，录音／影。录音分为现场录音和实验室录音。两者均要获得作为研究用途的录制许可。尤其是现场录制，应注意获得多方许可，如讲者，口译员以及会议组织方等。这是口译语料库建立的难点之一，因为口译员往往有自我防护的意识，再加上某些会议资料可能有版权保密要求，所以要取得真实口译语料往往不易。交传录音由于是单声道，相对比较简单，使用一般的录音设备或是软件录制即可。同传由于是双声道，对于录音设备的技术要求相对较高。实验室录制时可以使用录音软件；现场录音则要使用与同传厢的输入和输出设备相兼容的录音装置。录音过程也可以转为录影过程，因为视频信息也可能是日后重要的分析材料。

第三步，录音／影资料数字化。有些通过设备获得的录音／影材料，必须通过一定的软件处理，成为音／视频文件，才能被计算机读取或分析。可以用作数字化处理的软件有 Pinnacle Studio(9.0)，它是一个影音捕捉和编辑软件，影音文件的格式是 FLC mpeg1。而口译数字化使用的一般是声音编辑软件，如：Cool Edit-Pro 2.0，格式为.wav，采样速率为 32K；声道为单声道；采样分辨率达 8 Bit。好音质为研究音韵特征，如停顿、犹豫的分布等提供了良好基础。

第四步，影音资料文字转写。文字转写应该是可机读的，也应该是便于使用的，同时还要决定采用何种转写规则。国际通用的转写规则是 TEI（Text Encoding Initiative），著名的英国国家语料库（BNC）使用的即是这个转写规则。在技术层面上，一般借助语言识别软件效率较高，现在可用的语言识别软件有 Dragon Naturally Speaking and IBM Via Voice 等，它们可以帮助获得初稿。但现阶段的汉语语音识别软件技术很不成熟，出错率极高。所以文字转写的实质工作主要还是依靠人工完成，这也是最耗时和耗力的部分。而言语特征，例如未完成的句子，错发音，或者不合语法结构的表达，在后期还需要通过精听，于初稿基础上再进行补充。

第五步，文本标注和对齐。在实现了文字转写之后，需要对文字材料进行标注和对齐，这可为日后的分析打基础。文本标注可以根据研究目的设置搜索参数；文本的原文和译文的对齐则需要依赖对齐软件，主要用于对应语料库。此外，还可以进一步增加注解，比如增加语言学或非语言学的特征：句法、音律特征，乃至讲者的肢体语言，幽默使用等。

三、建设实践

语料库的建设人员应根据自己的认识以及想法，科学合理的建设多模态口译语料库，不应被代表性问题所困，语料库的类型问题、语料的抽样方法问题以及建设什么样的语料库要视需求、条件等而定。语料库的建设人员可以根据研究 FI 的和研究条件来确定容量。推荐的建设方案以学习者的兴趣、需求等为导向，建立与自己研究长期相关的专业语料库，逐步增加语料扩大容量，持之以恒地加以建设，并运用于教学和科研，尽量实现教学与科研的统一。

语料库的建设人员应将语言的意义和功能作为语言研究首要的考量；尊重数据，尊重文本，尊重使用；坚持形式与意义的统一，将形式结构与意义功能融为一体。与传统的语言学研究的思想理念及原则方法等进行对比分析，体会语料库语言学的思想理念与原则方法的独特之处，特别是要体会语料库语言学的主要特点，理解和掌握语料库建设的基本原则与技术方法，理解扩展意义单位在语言中的地位和作用，掌握扩展意义的识别方法。

语料库的建设人员要保证所收录的语料能够最大程度是涵盖具体语言在各

个方面的比例合理性，如语域、作者性别、作品年代等，以建立其具体言语行为的普遍规律性。

口译活动具有一定的实践特性，多模态口译语料库的建设应该加强对于口译文本特征、口译操作以及相关规范口译现象等知识面进行研究，同时强调口译研究的相关结论对于口译教学工作的时间价值。这样，才能针对口译学习人员的学习参考价值尤为凸显，能够改善口译学习与教学的整体质量，提高口译实践的效果。

口译语料库需要大量的真实数据录入，同时将数据的统计和分析作为基础，维持口译语料库的定量平衡。其中口译操作的特征以及信息传递是口译活动的主要认知机制，通过大量数据进行解释和分析，同时借助相关领域的专业性理论知识以及实践经验的积累，来分析隐含的相关规律性。

多模态口译语料库在现阶段社会中是一个全新的项目，对于语料库的建设和应用失常较为空白，这就导致多模态口译语料库的建设会遇到极大的难题和考验：对于语料中的切分标注、处理过程极为复杂，在整个讨论学界中尚未明确规定出一个统一的标准，并且由于在构建过程中的工具使用不同，建成后的文件格式不兼容问题较为普遍，等等。这些问题都不利于多模态口译语料库的建设发展，日后的整合以及广泛应用都面临着巨大的挑战。

要建立多模态口译语料库，就必须提高对诸类问题的重视和关注，并在不断的建设探索过程中寻找有效的应对处理办法。从多模态语料库的长远发展来看，今后能够达成统一，将已经完成标准的口译语料形成各个语料库中的交流分享，通过检索和统计对其展开深入的研究，并促成口译语料库的广泛应用，有助于多模态语料库中的口译研究更加持续发展。

英语作为目前的世界性通用语言，建立一个科学完善的多模态口译语料库，能够进一步提高口译学习者的口译水平。同时，在语料库构建过程中，能够让建设者不断地探索并掌握语料库构建的要点以及需要克服的难题。另外，它对我国的口译专业教学实践创新改革也有着极大的影响作用。在口译教学实践中，教师应改革目前的教学模式，结合多模态口译语料库对学生进行教学实践，进一步培养学生的英语口译能力。另外，教师应在不断的教学与研究过程中，对多模态口译语料库进行相应的完善。多模态口译语料库的建设能够为口译统计语言建模以及分析提供有效的数据，并对在线口译教材开发有很大的帮助。

四、建设过程中出现的难题与阻碍

多模态口译语料库同文字语料库相比较，在建设过程中出现了较多的难题和阻碍。主要表现如下：

其一，口译语料库的建设工具严重缺乏。目前能够应用于语料库建设的工具都无法完全适应口译语料库的建设，建设后的项目无法达到预期的口译语料库的完整功能需求，同时使用的工具中还存在格式无法兼容的问题，对于数据的统计和整合造成了一定的困难。

其二，多模态口译语料库建设需要耗费一定的人力与物力。语料库的建设对于各项硬件条件，包括采集环境、文件格式、设备兼容等方面都有较高的要求。在对数据进行预处理时，对数据进行切分、标注等过程需要大量的人力。根据相关研究指出，专业人员建立 1 小时的语料资料，所花费的时间大约为 100 个小时。建库工具中，ELAN 软件能够支持多种格式的音频、视频软件，并且有几种不同的工作模式，能够进行多层次的标注，标注内容可以自行设定，整体操作要比其他软件更为简便。

其三，虽然多模态口译语料库能够完整真实的还原数据信息，但比文字语料教育教学模式相对传统，对学生进行封闭式的严格管理，却不适应社会需要的大形势，对理论性的教学过度依赖，导致教育培养的效果无法达到，学生实践操作相对匮乏，学生的自我管理能力、自我教育以及自我认识均呈现出不足，良好的教学秩序无法有效维护，学生接受知识的全面性也受到了一定限制。

第二章 口译技巧与策略

第一节 听辨理解

一、口译中的听辨与外语教学中的听辨区别

听辨源语信息是进行口译的前提。口译中的听辨和外语教学中的听辨存在差异，它们在目的、次数、理解深度、加工程度、听取材料的特点等方面都不尽相同。

在目的方面，外语教学中的听辨旨在学习、应试等。学习时以诊断自己听力盲区、学习词汇和语音语调为主要目的，考试中常常是听取大意和必要细节，以回答考试问题。而口译中的听辨不是以语言学习和应试为目的，而是要尽可能完全地输入源语信息，以达到用译语重新发布源语的目的。

在听取材料的特点方面，外语教学中的听辨常常听的是比较标准的英式或美式英语、难度经过处理了的材料，口译中的听辨则可能是夹杂各种口音的英语、难度不可控制的材料，因此挑战更大。

在次数方面，外语教学中的听辨可以反复听多次，但口译中的听辨一般只能听一次。虽然偶尔在万不得已、又有机会的情况下可以请讲话人重复一下所说的信息，但是这往往不是专业的表现，并且有时候不具备这样的条件。

在理解的深度方面，外语教学中的听辨的要求相对低一些，只需要听懂大意和必要细节，口译中的听辨要求完全地理解和记忆。

在对源语的加工程度方面，外语教学中的听辨要求较低，更多是对语音的分辨，而口译中的听辨要求较高，要做到对语义进行分辨，还要搜索相应的译语。

表 2-1 是上述几个方面的对比简表。

表 2-1 外语教学听辨与口译听辨的区别

对比点	外语教学中的听辨	口译中的听辨
目的	学习、应试	信息完全摄取以发布
听取材料的特点	标准的英式或美式英语、难度经处理	夹杂各种口音的英语、难度不可控
次数	可以多次	仅一次
理解深度	听懂大意和必要细节	完全地理解和记忆
对源语的加工程度	加工程度浅，语音分辨	加工程度深，语义分辨

需要指出的是，科技口译员在听辨过程中，要"借助上下文，借助讲话人同听讲人的交流，不断丰富和调整认知，经历一个认知心理学中所讲的自下而上和自上而下的感知过程"。这就要求口译员在口译听辨过程中随时学习，并注重对信息的确认和定位。例如，某口译员在进行一次科技口译任务的时候，因为刚开始上下文还不明朗，她对"appreillage"（法语，本意设备、附属设施）的所指不明确，后来通过仔细听辨和学习讲话人的专业表达方式，了解到讲话人是在谈开关插座产品，由此就明白了 appreillage 的特指。

二、口译听辨的原则"得意忘形"

口译初学者在听辨时常出现的问题是过分受限于源语的语言形式，而不能准确、流畅、迅速地表达源语意思。因此应当特别注意摄取源语的核心意思，脱离语言外壳的束缚，这种重视内涵意义、脱离源语语言形式的思想简称"得意忘形"。

"得意忘形"的理论依据是法国塞莱斯柯维奇的释意理论。释意理论认为，翻译程序是理解原文、脱离源语言外壳、用另一语言重新表达。将这一翻译程序设定为释意理论的三角模式。从语言 A 到语言 B 的转换不是语言符号层次的对等，而是意义层次的对等。例如，"您辛苦了！"语言符号层次的对等是"You are tired!"，但是在意义层次上，它可以翻译为"You have had a good trip?"。Thank you for your contribution!''等。

再例如，对于苹果手机广告"bigger than bigger"的翻译，是译文一"比更大还更大"好，还是译文二"岂止于大"更好？译文一是贴合源语形式的翻译，但是在交际目的上没有达到应有的效果。广告的真正目的在于推销，使消费者认为该产品"高大上"，产生购买欲望，而"比更大还更大"只是简单的事实陈述，缺少了令人心生仰慕的效果，相比之下"岂止于大"虽然没有沿用源语的语言形式，但是在意义和功能上更能达到相应的效果。

三、口译听辨的训练方法

听辨对于口译的重要性无须赘言。而中国口译员的语言背景不同于西方国家，其双语实际状况相对国际上普遍存在的并列性双语者口译员而言不具备可比性。因此听辨技能的培养对中国学生尤为重要。

基于认知心理学的信息加工理论，对口译听辨各项技能的训练方法如下：

（一）音流听辨技能

听辨各种口音的英语语音材料的能力。不仅需要听标准英美语音的材料，也需要听各种带口音的英语材料。训练过程应循序渐进：从单音听辨到动态音流听辨，从英美标准英语的音流听辨到各种语音变体的音流听辨。

（二）言意分离技能

透过纷繁语言形式摄取意义的能力。训练时可听辨句式或词法比较复杂的材料，做快速译出大意的练习。

（三）意群切分技能

便于意义加工和存储意义基本单位的能力。训练时循序渐进，从词句到段落进行意群切分和复述练习。

（四）关键信息识别与浓缩技能

便于意义再加工和存储意义集约化的加工能力。训练时可学习英语话语信息的呈现规则，用各种符号、图像等在脑中或纸上对意义进行浓缩性表征或标示。

（五）释义能力

运用分析性思维对语言或意义较为复杂的信息进行阐释的能力。训练时可选用语言或意义较为复杂的材料，用源语或目的语进行解释。

（六）概要能力

运用归纳性思维对零碎、冗余的信息进行概要的能力。训练时可选用语言或意义较为零散、冗余较多的材料，用源语或目的语进行概述。

（七）逻辑性重构能力

对意义进行深度逻辑加工的能力。训练时可使用逻辑较为混乱的材料，做逻辑复述或口译的练习。

（八）联想能力

话语框架联想、话语内容联想和词汇联想能力。训练时可就某话题进行话语框架联想和话语内容联想、同汇"头脑风暴"等练习。

（九）预测、推断能力

语言和非语言预测、推断能力。训练时可做词汇或短语的听辨预测完形练习、话题听辨接续练习等。

（十）分心协调能力

一心多用的能力。训练时可做延迟复述、跟读＋心数、跟读＋写数等练习。

（十一）表征能力

对意义进行便于信息加工和存储的表征。训练时可通过数字、文字、图形、情景等途径对脑中的信息进行表征。

四、各国口音的特点

狭义的口音是指语音和音韵的变体，即语音和音韵特征。对于口译员来说，口音除语音变体之外，还包括词汇和句法的差异。口译实践中，讲话人讲话往往会带有口音，这给口译员听辨带来困难。在每次翻译任务前，口译员应在熟悉讲话人的话题背景基础上，尽量与讲话人多交流，以适应其口音。平时，口译员应通过网络、电视、广播、语料库等接触不同口音的材料，掌握各种口音的特点，逐渐适应各种口音。以下为各国口音的特点。

（一）英国口音

英国各地区的口音差异很大，大致可分为标准英音、伦敦土腔、苏格兰口音、爱尔兰口音和威尔士口音等。各地口音共性的特征是字正腔圆、抑扬顿挫，能够清晰区分长元音和短元音。标准英音的典型代表可参考英国女皇的讲话和 BBC 新闻英语。

（二）美国口音

美式发音比英式发音速度更快，大部分长元音被截短，常出现省音，例如，把 glass 中的长元音［ɑ：］音读成短音的［æ］。美国各地的口音有差别，但大都带有卷舌音。影视作品中体现美国口音的典型代表有电视剧《老友记》《欲望都市》等。

（三）加拿大口音

加拿大口音类似于美国口音，但夹杂着英国英语和魁北克法语的特点。例如，［n］、［d］、［t］、［s］、［z］和［1］音之后，［j］音消失，所以，knew、dupe 和 Tuesday 分别发为［nu：］、［du：p］和［ˈtu：zdei］。在用词方面，在大多数情况下，一个词的英式用同与美式用词并存，例如，表示裤子吊带的 braces（英式）和 suspenders（美式）常常互换使用。以 "eh" 代替 "Pardon?" 是一个典型的加拿大用法，这曾被移民官员作为辨别加拿大人的标识。

（四）澳大利亚口音

澳大利亚南部口音比较接近英国口音，越往北口音越重。澳大利亚人常常省略辅音［h］，直接发后面的元音，例如，将 how 发成 ow。澳大利亚人还常将双元音 "门发成类似［ai］的音。有一个著名的笑话，有一名澳大利亚游客问导游 "Where are we going to die?"，其实他说的是 "Where are we going today?"，由于 today 被发得和 to die 一样而成了笑话。

（五）新西兰口音

传统上的新西兰英语非常接近英国英语。因受美国文化的影响，年轻一代的英语杂糅了美式用法和美国俚语。新西兰口音的一个显著特点是倾向于把［e］发得与［i］相近，如 left 发成 lift；把［æ］发成［e］，例如，将 back 发成类似 beck 的音。

（六）法国口音

法国人讲英语时会受到母语影响。在元音方面，许多法国人发元音时长短元音不分，如［i］和［i：］不分、［u］和［u：］不分，所以，sip 和 seep 同音，full 和 fool 同音。因为法语没有双元音，所以许多法国人发双元音会不准确，例如，把［ai］发成类似［e］的音，把［ai］发成类似［a］的音。在辅音方面，因为法语没有［h］这个辅音，因此法国人讲英语时常常省略［h］音。因为法语单词没有重音，所以法国人常常掌握不好英语单词的重音，例如，把 actually 发成"ahk chew ah lee"，或者把重音放在最后一个音节。

（七）意大利口音

受母语影响，意大利人讲英语时常用意大利语的语音代替英语的语音。由于意大利语中没有单元音［i］和［u］，所以意大利人常会用［i：］和［u：］来替代［i］和［u］，例如，sit 与 seat 同音，put 与 poot 同音。意大利语中没有舌齿摩擦音，所以意大利人常会用［t］或［f］替代［θ］，用［d］替代［ð］，使得 there 与 dare 听上去一样。意大利人讲英语常以强音节结尾，习惯在词尾加［ə］，dog 会读成［dɔgə］。

（八）德国口音

德国人发音时常常按照单词的拼写进行发音，语调常常显得有些生硬。很多德国人发不好［θ］和［ð］，而用［s］和［z］代替，例如，把 this 发成"zis"，把 things 发成 sings。有的德国人不会发［w］音，把［w］发成［v］音，例如，把 we 发成"vee""what"发成"vat"。

（九）西班牙口音

西班牙口音有不区分摩擦音、省略词尾辅音等特点。由于西班牙语不区分摩擦音，所以以西班牙为母语者讲英语中往往分不清［s］和［tʃ］或［ʃ］，并常用［j］替代［dʒ］和［ʒ］。在一般情况下，西班牙语中词尾辅音只有［s］、［n］、［r］、［l］和［d］五个音，因此以西班牙语为母语者常将这五个音以外的词尾辅音省略。当词首为［s］并加上另一个辅音时，西班牙人发音时常会在前加一个［e］音，例如，stamp 会发成［estæmp］，而不是［stæmp］。

（十）东南亚口音

东南亚口音有清辅音浊化、元音长短不分、双元音及辅音（丛）简化、单词或句子重音偏移或后移等特征。在辅音方面，清辅音常被浊化，例如，[p]发成[b]，[t]发成[d]，[k]发成[g]，等等；发复辅音时常会省略其中的一个辅音。在元音方面，长短元音相混，例如，将[i]与[i：]相混，将[u]与[u：]相混，将[æ]与[ɑ：]相混，等等。另外，还会出现某些音相混的情况，例如，[θ]与[t]或[s]相混，[s]与[ʃ]相混，[v]与[j]相混，等等。曾经有中国学生问新加坡人坐哪路公交车，对方回答"Dig tree tree"，其实是"Take three three"，即坐33路公交车，但他把take的[t]发成了[d]，[k]发成了[g]，three[θri：]的[θ]发成了[t]，以致造成了理解的困难加。

（十一）西亚口音

西亚国家（如伊朗、沙特阿拉伯、土耳其等）都会用母语中的近似音来替换母语体系中不存在的英语发音，例如，由于土耳其和伊朗母语中缺乏[θ]、[ð]音，常用[s]和[t]代替[θ]，用[z]和[d]代替[ð]，所以three发成[sri]或[tri]，they发成[zei]或[dei]。西亚口音还有一个特点是在辅音丛中间插音，例如，沙特阿拉伯人在辅音丛中插入元音[ə]、[i]、[u]，所以[ʃn]应发成了[ʃən]，[dnt]发成了[dint]，[fl]发成了[ful]网。

（十二）日本口音

日本口音在元音发音、重音位置和停顿等方面与标准英音差别很大。由于日语中只有五个长短一致的元音，因此日本人讲英语时通常会混淆一些元音，如[e]和[æ]、[i]和[i：]、[e]和[eə]、[ʌ]和[a：]等，还会将mat[mæt]读成[met]。在重音方面，日本人常常掌握不好英语单词的重音位置，易加重词尾音节，语句中可能会将介词、连接词等功能词发成重音，而重要信息（如否定词的重音）则发得不明显。在停顿方面，日本人讲英语时往往停顿数量更多，且停顿位置错误较多。

（十三）韩国口音

韩国口音有单词连读、重音后置等特点。受母语影响，很多韩国人说英语时单词连读，最后一个音节拖长。有些韩国人还分辨不出［l］和［r］音，发不出［θ］或［ð］音。在音调方面，有相当一部分人不知道除了一般疑问句外何时该读升调，往往从头到尾用降调。在节奏方面，韩国口音的英语体现出音节节拍语言的节奏特点，即元音发音普遍饱满，每个音节普遍清晰。

（十四）印度口音

印度人讲英语往往口音重，语速快，缺少爆破音，语调无升降，停顿难掌握，乍听起来很难懂，会给口译员造成较大的听辨困难。印度人发清辅音时常常浊化，例如，"What time"的印度发音类似"WA DIM"，"I'd like to change the color"的印度发音类似"I D L1G DO CHANGE DE GALA"，其中清辅音和［p］、［t］和［k］分别发成了［b］、［d］和［g］。在用词和句法的方面，受印地语的影响，印度英语中常常会添加一些用词，例如，问名字时说"Your good name please?"，问生日的时候说"When is your happy birthday?"。印度绅士常用现在进行时代替一般现在时，例如，把"I understand it"说成"I am understanding it"，把"She knows the answer"说成"She is knowing the answer"。

（十五）非洲口音

非洲本土语言种类繁多，达 2011 种之多，因此非洲各地英语口音也各有特点。从整体来看，非洲英语掺杂了英式英语、当地土著语借词、阿拉伯语借词、当地口音以及大舌音等诸多因素，因此，非洲英语听起来较为混沌，就像用手捂着嘴巴说话一样，而且语速很快，这给理解造成困难。例如，一些非洲人把［r］发成大舌音，所以 three 听起来像 thrrrrrrrree；还有非洲人将清辅音浊化，使［p］、［t］和［k］发得像［b］、［d］和［g］。

（十六）俄罗斯口音

俄罗斯人常把［r］发成大舌音，并且由于俄语中没有［w］音，所以很多俄罗斯人会用［v］音代替［w］音。大部分人在发词尾复辅音时最后一个辅音会自然脱落，有些人会刻意克服这一弱点，但有时矫枉过正，听起来像词尾多了一个音。

（十七）中国口音

中国口音主要是受到普通话语音系统的影响，发元音不够饱满，发辅音时常常会将清辅音浊化、在辅音后加上［ə］音等。不同地区受到地方口音的影响，会混淆某些辅音，例如，东北人多把［z］和［dʒ］互换，两湖一带的人把［h］发成［f］，北京人习惯给单词加儿化音，等等。在语流方面，常有人缺少连读和爆破，发音一字一顿，听起来有一种不连贯的感觉。

第二节　口译记忆

一、技能总述

（一）口译的定义

口译是有不同语言文化的人们的一种跨文化交际活动。在经济全球化的今天，口译的角色不可或缺。

关于口译，有不同的定义。口译是翻译的一种形式，指将一种语言所表达的内容用另一种语言即时准确地表达出来。职业口译作为一种服务行为，目的在于保证使用不同语言的人们之间的交际顺利进行，促进国际间政治、经济、文化和科技交流。口译，是一种通过口头表达形式，将所感知和理解的信息准确而又快速地由一种语言形式转换为另一种语言形式，进而达到即时传递与交流信息之目的的交际行为。口译是这样一种活动：译员在听取源语后，通过口头表达的方式以目标语向听众传达讲话人的意思，在语言上无法互通的异语双方或多方之间通过译员的传译能够进行交流沟通。

不管口译的定义如何，口译中传达的几个要点是一致的，那就是口译涉及两种语言的转换，在这个转化过程中传达的信息包括意义、语气等。

（二）口译记忆的工作原理

心理学根据信息在大脑中保持时间的长短将人的记忆划分为瞬时记忆、短时记忆和长时记忆。

1. 瞬时记忆

瞬时记忆在感知后的大约 200～500 毫秒作出回应。例如，观察或记忆一秒钟之后记得的样子就是瞬时记忆。瞬时记忆的容量大约有 12 个单位，瞬时记忆消失得非常迅速。人体虽然能够感知到全部的信息单位，但是因为瞬时记忆消失得太快，在信息单位消失之前人体不能报告出全部信息单位。

2. 短时记忆

短时记忆在不重复信息的情况下能够回忆几秒钟乃至一分钟的信息内容。短时记忆能够存储 7±2 个信息单位。然而，短时记忆的能力可以通过分组大大增强。短时记忆保持的时间一般在 0.5～18 秒钟。如果不重复记忆，大约一分钟就会忘记了。由此可见，短时记忆信息保存的时间很短，而且容量十分有限。短时记忆的内容未经重复就会被遗忘。如果经过重复运用或进一步加工，就能够进一步转化为长时记忆。

3. 长时记忆

瞬时记忆和短时记忆的储存能力和储存时间都非常有限，也就是说储存在瞬时记忆和短时记忆中的信息只能在一定时限内使用，如果在一定时间内没有得到利用或重复，很快就会在大脑中消失，不能永久保存，相比之下，长时记忆的储存能力大大高于前两者，长时记忆的储存时间大大长于前两者，甚至可以终生储存在大脑中。长时记忆的储存能力是不可估量的。

（三）口译的工作记忆

在口译过程中，译员听到源语后，通过对瞬间记忆中信息的处理，将信息储存在短时记忆中，而短时记忆中的信息与长时记忆中的信息相互作用，彼此综合，此时，长时记忆中的部分信息被激活，强化短时记忆。可见，在口译中主要应用的是短时记忆。瞬时记忆是短时记忆的铺垫，长时记忆是短时记忆的补充，我们可以将口译的工作记忆用下面的方程式表现：

工作记忆＝长时记忆（被激活的部分）＋短时记忆

1. 影响口译工作记忆的因素

在口译过程中，很多因素会影响译员的工作记忆。口译对译员的身体素质有较高的要求，在一般的会议口译中，译员需要每天连续工作几个小时，有时甚至需要晚上加班，而且连续几天都是这种状况。译员体力不支出现状况时，必然会影响到工作记忆的正常水平。

此外，译员的双语能力也会影响到工作记忆。我们在教学中发现，在英译汉的最初阶段，口译初学者的工作记忆在很大程度上受到听力理解的影响，不能充分发挥自身的记忆能力，因此导致信息丢失，甚至是错译。译者对口译内容相关背景知识了解的程度也会影响到工作记忆，如果了解程度不够，即使听到了信息，也很难将信息通过内化从而储存在短时记忆中；现场的工作环境会给译者带来一定的干扰和心理压力，也会削弱译员的工作记忆，工作现场难免会有各种噪声，译员因而产生心理压力，影响工作记忆。

口译的过程主要依靠译员的短时记忆，短时记忆是保证口译质量的关键之一。但是，我们也清楚地认识到短时记忆存在着一定的局限性，只能存储 7 ± 2 个信息单位，而且只能保持 0.5 ～ 18 秒钟，最长不超过 1 分钟。而一般性质的交传，说话者的停顿间隔一般在 3 ～ 15 分钟。

有时译员缺乏口译内容的相关背景知识，或者很少接触相关内容，在这样的情况下，译员储存在长时记忆中的相关知识非常不活跃，很难激活长时记忆，导致工作记忆无法有效地运转。由此可见，译员的工作记忆在口译过程中承受了巨大的压力，只有提高工作记忆的能力，才能突破瓶颈，保证口译工作的顺利进行。

2. 工作记忆的训练方法

对即席口译与同声传译两种记忆方式进行比较，一种是记住 500 个词的一段话，另一种是记住整部电影。实验表明能够非常容易地记住一部电影所有情节的实验对象再去记忆那段 500 个词的文章需要大约一个小时。

两种记忆方式之间存在较大的差异，前者为内容记忆，人们很容易就可以记住电影的情节，因为情节之间的逻辑关系紧凑，再加上视觉和声音的辅助，记忆起来省时省力。后者为文字记忆，是逐字逐句的记忆，而且没有视觉和声音的辅助，因此记忆起来比较困难，而且比较耗时。由此可见，只要我们通过某种方式将被记忆的内容联系到一起，同时增加记忆辅助，就能很大程度地提高记忆力。

（四）工作记忆能力的训练方法

1. 听觉、视觉和语义记忆法

信息必须通过编码才能储存到短时记忆中，在操作的过程中存在许多的可能性。信息主要以三种形态储存在短时记忆中：

①声音编码通过声音重复记忆。

②视觉编码通过图像储存信息。

③语义编码是利用信息的意义来储存信息，将信息与某种抽象概念联系到一起。

根据以上的分析，我们可以将记忆内容听觉化、图像化以加深记忆。同时，在听解过程中抓住文章的意思，体会文章的深层结构，而非表层结构中的字或词。

2. 联系记忆法

未经过记忆训练的人在只听或看一遍之后，几乎不可能按照顺序记住毫不相关的20件物品。但是，经过联想记忆的训练之后，我们可以将不可能变为可能。

二十件毫不相关的物品：地毯、纸、瓶子、床、鱼、椅子、窗户、电话、香烟、指甲、打字机、鞋、手机、笔、电视、盘子、油炸圈、车、咖啡壶、砖头。

联系记忆是建立在感觉意象的基础上，这些意象越荒谬越容易记忆。

第一件物品是"地毯"，那么首先在脑海中想象地毯的图像，任何的地毯都可以，可以是自己家里的地毯为了记住这些物品，最好是把它们和你所熟悉的物品联系到一起。

第二件是"纸"，必须将"地毯"和"纸"联系到一起，这种联系越离谱越好。例如，你可以想象家里的地毯是纸做的。然后你看见自己走在上面，听到脚踩在地毯上发出沙沙的声音。或者你可以想象自己在纸制的地毯上写字。

接下来作者将下面所有的物品用这种方式联系到了一起，之间的联系荒谬且不符合正常逻辑。

最后总结了几点联系记忆法的注意事项：

①想象物品的大小不成比例。

②想象物品动起来。

③无限夸大物品的数目。

④替代物品，例如抽的是手指，而不是烟。

联系记忆通常能够帮助译员将毫不相关的事物联系到一起，从而记住出现的物体以及出现的顺序。

3. 时间空间顺序记忆法

有时文章会对某一特定时期内连续发生的事情进行列举，例如对双边贸易额某一段时期内的变化情况进行介绍，或者是对公司几年内营业额的变化情况进行介绍，等等。此外，文章中还可能出现对某一地点或场所的介绍，例如对工厂整个布局的介绍，或是对公司的环境介绍，等等。这种情况我们可以利用笔记按照事物发展的时间顺序或空间顺序记录，然后逐一译出。

记忆空间顺序时可以同时利用视觉记忆，在脑海中形成图画，可以辅助、增强记忆。

二、技巧解析

请看下面的例句：

例句一：

公司计划从贵公司订购以下文具：圆珠笔、钢笔、墨水、白板笔、复印纸、便笺纸、信封、计算器、多孔插座和订书器。

例句二：

欧洲的农产品需求主要有六类，包括：①鱼、甲壳动物、软体动物及其他水生无脊椎动物；②蔬菜和水果；③咖啡、茶、马黛茶及调味香料；④动物饲料；⑤含油子仁及果实；⑥软木及木制品。

首先将例句中给出的物品视觉化，想象物品无限大或者无限小，夸大物品原有的尺寸，也可以让物品在脑海中运动起来，或者无限夸大物品的数目。

例句一中我们可以想象，回家后一推门看见门口站着一只巨大的圆珠笔，圆珠笔的旁边是一只舞动的钢笔插在墨水瓶中贪婪地喝着墨水，一个小朋友手里拿着白板笔趴在地上在复印纸上画画，屋子的墙壁上贴满了便笺纸，地毯大小的信封在屋子里飞来飞去，一只胖乎乎的计算器站在信封上跳舞，无数支小小的多孔插座和订书器追逐着信封。可以在物品与物品之间设定固定的联系便于记忆物品顺序。

例句二中有六类产品，每类产品中包含两至四小类，我们在想象时可以将每大类放在一个空间中，分成六个相互联系的空间或场所，然后将每大类中的物品联系到一起。我们可以想象在海底，看到无数只游来游去的小鱼中有一只硕大无比的龙虾（甲壳动物）向你游过来，龙虾的背上坐着一只大大的蜗牛（软体动物），蜗牛的后面藏着一只八爪鱼，海面上漂着一艘船，船里面装满了蔬菜和水果。你来到了咖啡厅，考虑是喝咖啡还是喝茶，咖啡厅的桌子上摆满了调味料，穿过餐厅来到船的货舱，货舱左面堆放着饲料，右面堆放着含油子仁及果实，穿过货舱来到甲板，甲板是木制的，上面放着打开的红酒和软木塞。

第三节　口译笔记

一、口译笔记的功能和特点

（一）口译笔记的目的和功能

口译是翻译的一种形式，它的复杂性和挑战性要求口译员必须具备下列基本技能：听辨能力、理解能力、记忆力、笔记技巧和表达能力等。其中，笔记是口译区别于其他翻译形式，区别于口语活动的重要特征和技能。首先需要说明的是，口译笔记并非要求译员将听到的信息一字不漏地写下来，而是采取"一脑三用"的过程，口译笔记和译员的听辨和记忆几乎是同时展开的，从时间上讲都是从原语讲话者开始发言直到停止，而是要分清三项任务的"轻重缓急"，即它们之间的主次关系。

在口译尤其是交替传译中，笔记和记忆都是为了接收并保持原语信息，为下一阶段的信息转换与生成打下基础。但是，两者在口译过程中并不是居于同等重要的位置。由于笔记速度与说话速度相差较大，译员务必主要依靠短时记忆进行工作。如果讲话者连续讲话超过一分钟，或者讲话内容包含一些难以用大脑记忆的内容，译员就要借助笔记来弥补记忆的不足，例如数字、人名、地名、机构名称等专有名词及一些关键词、逻辑词都需要通过笔记"写"下来。

要使信息接收率达到最高，只有将主要精力放在听辨和记忆上，而笔记只能作为记忆的辅助手段，减轻大脑的负担，也可延长原语信息在大脑内的保存时间；作为视觉提示，使信息从记忆中提取的时间缩短，方便译员整理思想印记。因此，为保证口译的质量和效果，帮助双方更高效地沟通，笔记是不可或缺的，但不是"主角"。

笔记除了能够减轻短时记忆的负担外，还会增强记忆的效果，尤其是对原语语篇整体结构的识记。结构安排合理、清晰的笔记能将整个语篇的逻辑结构以及要点更完美地展现在译员的眼前，而好的口译笔记实质上多多少少带有整理的痕迹，这更能强化译员的回忆线索和思路。从某种意义上说，笔记具有优化脑力资源分配的作用。

（二）口译笔记的结构特点

口译笔记不同于课堂笔记和速记，具有鲜明的特点。课堂笔记通常是要尽可能地记下相对完整的内容以便复习，而口译笔记则必须在短时间内用最简单、最易识别的符号或缩略形式来记录所听到的内容，必须简明扼要，更重要的是要有条理和层次，体现直观性，能让译员自己一眼就能看出一个句子甚至一段话语的逻辑结构。

速记是一门用特殊符号系统记录语音的快写实用技术，利用简单的符号或者代码和缩写规则把交际和思维中的口语转换成视觉形式。传统手工速记是参照音素文字原理，用更加简单的线条和附加符号作为临时文字，从而快速记录口语，事后再转换成文字的记录方式。现代电脑速记是通过键盘代码直接快速转换成文字的记录方式。速记的特点是快，但是无论是传统的手工速记还是现代的电脑速记，对于口译人员来说，都是高不可攀的另外一项复杂技能，一方面需要口译员接受专门的训练，另一方面从速记的符号或文字转换成另外一种语言，实际上口译者某种程度上从事视译，等于为口译活动又加入了一个中间环节，反而会影响口译的速度和质量。

但是，不可否认，口译笔记还明显带有使用符号记录的特点。口译笔记的符号是译员个人为方便记录而发明的一套相对固定的个人符号系统，是在口译之前准备好的习惯性符号，仅为译员个人所用和识别，符号通常要以书写简单、方便实用为原则。

因此，一份具有举足轻重的参考价值的口译笔记并非一蹴而就，而译员口译笔记的技巧更不是与生俱来，而是在不断练习总结、取长补短中练就的。

口译笔记在结构安排上要遵循以下原则：

首先，口译笔记应该采取纵向分页，即将竖放的一张纸（如果是笔记本，最好使用纵向翻页的笔记本）分割成左中右三等份，画两条纵向的线隔成三个区域。中间的区域用来记录主要的意群和话题，左右两个空白区域，分别用来做细节性的补充。

其次，字距和行距以稀疏为宜，尤其是行距，应尽量多留些空间。译员看着笔记翻译时就一月了然，视线转移也更轻松，避免眼睛疲劳，减轻脑力负担，节约浏览的时间。

再次，笔记在意群和句子间的结构安排上也要采取纵向、阶梯式缩进的方法，即一个意群或一个话题另起一段顶格写，该意群或话题的相关内容在其下缩进，每一个层次缩进一两个字的位置。这种结构能产生较强的视觉冲击，使译员很快唤起记忆并明白各个意群间及各句子间的逻辑关系，便于译员迅速地进行思路整理。而齐头式或者结构毫无层次的笔记会降低译员的记忆效果，甚至混淆前后意群间的关系，导致错译。

最后，口译笔记最好能多分行，每一行最好能够体现一个要点，内容记录不要挤在一起，笔记结构的应比原语语篇更清晰，即使对于说话人没有清晰逻辑的内容，译者也应在做笔记的同时，将其捋顺，分出层次，这样口译员在工作时才能做到"一目数行"，从而减轻口译员的脑力负担。

二、口译笔记的内容与技巧

（一）笔记的内容

口译即时性、紧迫性的特点对译员记录的速度和内容有较高的要求。在交替传译过程中，讲话者每次的发言语段通常会超过人们短时记忆的负荷和时限；甚至发言中常常出现专有名词、数字等在记忆中较模糊或较难保持的信息，这时译员就要适当地做笔记并将这些记忆难点全都记下来。因此，口译笔记的内容主要是关键词，用来提示容易被唤醒较多原语信息的内容，大脑难以保持的数字、专有名词等细节信息，还有逻辑关系词以加强记忆和表达的连贯性和逻辑性。但是记录的速度远不及言语发布的速度，这不仅意味着译员书写要快，也要求笔记内容必须尽量精简，即用简单的词语或符号记录复杂的意思。

（二）笔记的系统训练方法

1. 意念导入

口译员应反复强调笔记的辅助作用，将更多的注意力分配给脑记而不是笔记。由于汉字的组成和书写特点，要在口译笔记中记录下完整的汉字会占用大量的时间和精力，要记录下完整的英语单词同样也是不可能的。因此，在口译训练之初，就应当多使用简化的符号和表示逻辑关系的线条；这样可以为解码所听到的信息和编码将表达的信息节省更多宝贵的时间。通过这样的初步练习，便可以在学习口译之初形成使用简化符号的良好习惯。

2. 符号灌输

对于初学口译的学习者或译员，要把自己习惯的完整记录方式在短期内转换成一系列的符号与线条并非易事。所以，在学习与练习初期，可以系统地学习一系列通用且常用的笔记符号。这些符号是各种笔记风格的译员大多通用并且比较科学的符号，所以不会与学习者笔记系统的个人性冲突。这些常用的笔记符号通常包含以下几类：

（1）缩略词

英语当中缩略词使用的频率很高，如 IMP：important，ASAP：as soon as possible。熟练掌握缩略词，会对记笔记大有裨益。

优越性——优 x

现代化——现 h

业务员——业 y

GDP——国内生产总值

FIE——外资企业

JV——合资经营

Km^2——平方公里

KW——一千瓦

T——吨

Co——公司

Fe——铁

eg——例如

（2）字母、图像

P——表示政治：politics，political。

Q——表示"通货膨胀"：inflation，因为这个符号酷似一个上升的气球。

A——表示农业：agriculture，agriculture经常用到，所以用首字母代替。

L&G——女士们，先生们

U.S.——美国

e——电子

Sgp——新加坡

Z——表示"人"people/person，因为"Z"看上去像个人头，它通常被写在一个词或符号的右上角。

E——表不总数：total，totally，entire，entirely，on the Whole，all in all，to sum up

G——表示效率：efficient，effective。G为效率符号。

B——表不商业：business

C×——表示冲突，矛盾：conflict 9 confrontation "C×"中的"×"表示反对，字母"C"将反对的概念缩小为conflict和confrontation。

W——表示工作，职业：work，employ等。它是work的第一个字母。所以WZ就可以用来表示worker，而W（Z在字母上方表示employer，在字母下方表示 employee）。

i——表示工业：industry，industrial。字母i像一个烟囱，所以可以用来表示工业。

UU酷似一个酒杯，在笔记中表示合同、协议（treaty，agreement）

一般只有在谈判成功、协议成交后才会表示"举杯祝贺"。如果在 U 内填入 2×××× ，就可以表示为双边的，填入 3 表示为三边的。在 U 中填入 1 表示单边主义，填入 m 表示多边主义。如果在 U 上加一个"/"×××× 表示谈判破裂。

镨 WingdingshB@——表示"国家""民族""领土"等：country, state, nation

T——表示"领导人"：leader, head 那么 head of government, head of company 便可以表示为 CT

⊙——圆圈表示一个圆桌，中间一点表示一盆花，这个符号就可以表示会议、开会等：meeting, conference, negotiation, seminar, discussion, symposium

k——这个符号看上去像条鱼，所以表示"捕鱼业"等和 fishery 有关的同汇。

〇——圆圈代表地球，所以这个符号就可以表示国际的、世界的、全球的等：international, worldwide, global, universal

J——表示开心：pleasant, joyful, happy, excited

L——表示不满、生气 unsatisfied, discomfort, angry, sad

EO——表示听到、众所周知：as we all know, as is known to all, as you have already heard of

♀——女性

♂——男性

2 文——两个文明

2 友——双方的友谊

N1——第一名，首要的

&——和 / 与

△——代表

∽——替换成为

⌐——过去

（3）数学符号

∵——因为

∴——所以

＋表不"多"：many，lots of，a great deal of，a good many of 9 etc.；＋＋（＋2）表示"多"的比较级 more；＋3表示"多"的最高级 most.

- 表不"少"：little，few，lack，in short of/be in shortage of etc.

↑——上升，增加，提高，发展，decrease/ascend/go up/rise up/raise/move up/mount up/rise

↓——下降，减少，降低，退步，descend/drop/fall/decline/go or come down

↑↑——越来越高，越来越强，more and more，stronger and stronger

↓↓——越来越低，越来越弱，less and less，fewer and fewer，weaker and weaker

X——表示所有否定意义

↙——记住（remember）

↗——忘记（forget）

X——表示"错误""失误"和"坏"的概念：wrong/incorrect，something bad，notorious，negative

＞表示"多于"概念：bigger/larger/greater/more than/better than

＜表示"少于"概念：less/smaller

＝表示"同等"概念：means»that is to say.in other words，the same as，be equal to

（）表示"在之间"：among，within

≠表示"不同"概念：be different from

～表示"大约"概念：about/around，or so，approximately

/表示"否定""消除"等概念：cross out，eliminate

（4）标点等

：表示各种各样"说"的动词：say，speak，talk，mark，announce，

declare

　　? 表示"问题"：question，issue

　　☆表示"重要的"状态：important，exemplary（模范的）best，out-standing，brilliant

　　& 表不"和""与"：and，together with，along with，accompany，along with，furthermore

　　// 表示"结束"：end，stop，halt，bring sth to a standstill/stop

　　（5）较长单词的处理办法

　　-ism 简写为"m"例如：socialism——Sm

　　-tion 简写为"n"例如：standardization（标准化）——stdn

　　-cian 简写为"o"例如：technician——techo

　　-ing 简写为"g"例如：marketing（市场营销）——MKTg

　　-ed 简写为"d"例如：accepted——acptd

　　-able/ible/ble 简写为"bl"例如：available——avbl

　　-ment 简写为"mt"例如：amendment——amdmt

　　-ize 简写为"z"例如：recognize——regz

　　-ful 简写为"fl"例如：meaningful——mnfl

3. 双语记录

　　在记录中应当使用源语还是目标语始终是许多口译专家们讨论的话题。两者的优劣都显而易见：源语记录可以节省时间提高速度，但是在口译时要花费更多的时间去反映和表达；目标语记录则似乎更受推崇，因为用目标语记录可以为接下来的表达节省大量的思考时间，对口译任务的完成提供了更大的保障。但是这种推崇更适用于为属于同一语系的语言（如英语和法语）进行口译，当涉及特点迥然不同的两种语言时（如汉语和英语），更应提倡的做法是双语记录。因为汉语是表意文字，往往一个汉字或词组可以表达丰富的信息，尤其对于以汉语为母语的译员来讲，会更方便；但是汉字笔画复杂，在笔记记录中耗时过多，所以还要考虑使用更简洁的英文缩写（如"联合国"记为UN）、符号（如"美元"记为$）或易识别的单词（如"网络"记为.com）。总之，对于穿梭于英汉两种语言间的口译员来讲，最理想的方式仍然是双语结合记录，达到适合自己的最佳平衡。

4. 三步反复

在训练中，可以采用一种"三步练习法"。第一步是不间断地听磁带，译员先根据自己的习惯记笔记，然后尽力较完整、较流利地完成口译任务。第二步，以句为单位重听磁带，译员对于重点句子巡行笔记分析并结合参考书改进。第三步，再听一次口译内容，重新记笔记并做一次完整的口译。经过对同样内容不同笔记的分析、比较与重复练习，译员对于所练习的内容能够留有深刻的印象，并能在其他的上下文中对类似主题的口译内容做到快速反应。这一方法适用于学习的初级阶段即译者还会无意识地在笔记中使用过多汉字或单词的时候，通过对同一内容或相似内容的重复练习，译者可对反复使用或常用的符号、逻辑线条等达到即时反应的程度，有助于更快形成自己的笔记系统和笔记风格。

5. 熟能生巧

笔记练习应当在每天的固定的时间进行，比如可以每天从 7：00 练习到 7：30。高质高效的笔记不可能是一蹴而就的。长期定时练习的重要性不言而喻，并且译者应每隔一个月对比自己的笔记程度。如果能够坚持每天练习，三个月左右就可以基本形成自己的笔记系统，六个月以后就可以达到笔记娴熟、自成一体的程度。只有经过这种初级阶段的量的积累，译员的口译笔记才可能完成质的飞跃。

6. 比较研究

译员可将自己的笔记与一些优秀的笔记范本进行对比研究。通过对比，译员可以改进自己识别关键词或词组的能力，也能够分辨出哪些是笔记中需要的和必需的信息，从而学会逐步略去不必要又占据了脑记或笔记时间的信息。这种专项的笔记比较可以每半月或每月进行一次，如此既可以看到自己笔记与样板笔记之间的差距，也能够看到自己的进步。

7. 难点突破

口译是一项脑力与体力的极端综合劳动，但它更是一项技能，或者说是一项可以通过无数次的磨炼才能获得的高端技能。对于个人不同的难点，突破的宗旨也无外乎"千锤百炼"。比如，专有名词记录，其方法就是笔记与脑记结合。在笔记上体现出可以是一些关键音节或能起到提醒作用的首字母或首字母缩写词。如 David Johnson 可以记成"Dav Jo sn"；Bulgaria 可以记成"Bulgr"等。又如，数字记录，通常的做法是按源语段位记录，结合几个段位的缩写（千位为 th 或 k，百万位为 m，十亿位为 b 或用逗号隔开）。在记录结束与开始口译的瞬间或口译的同时，在上方按目标语的段位做标记以助译出。如 9123456789 在英译汉时记录为 9bl23m456k789，或 9，123，456，789，而口译时做出另外一种标记 9bl'23m45'6k789，或 91/2345/6789 就可以按照上标的段的作用。尽管我们一直强调口译笔记训练的重要位读出汉语"九十一亿，两千三百四十五万，六千七百八十九"，但一定不要忽略笔记在整个口译过程中起到的作用。当然，口译技能的提高重点在于大量，且永远是辅助的作用。笔记技能并非莫可名状，也非得经反复的练习，要突破难点则更是如此。遥不可及，译者对于口译笔记应当保持一种客观的态度。因此，笔记使用的符号笔画越简单越好，直观性强且易于辨认，这样才能帮助译员迅速、准确地读懂自己的笔记，保证译语转换的速度与质量。

（三）笔记与脑记有机结合

一般而言，译员在传译的过程中，如果一味地将注意力集中在听和理解上，笔记就难以做好；反之，专心做笔记，又会影响听和理解；在一定程度上，听和记之间似乎很难取得平衡。有相当一部分译员认为，如果口译者之前拿到译稿，那么在口译过程中只需要读译稿，而无须做笔记。听和记的矛盾，主要来源于对源语意思的核心把握不住，从而造成笔记内容过多。

译员经常由于紧张或临场经验不足，而瞬间听不明白或不懂某个词语的含义，导致转换不及，尽管许多其他听懂的内容记下了不少，但还是难以串出整句或整段话的意思。在这种情况下，笔记反而成了一种负担。因此，译员的主要注意力应放在听和理解上，这是发挥笔记作用的基础。译员应在口译活动之初就将思路放开，将源语迅速串联起来，抓住讲活所要表达的确切意思，抛弃语言外壳，把握核心精髓。在正确理解的基础上，辅以少量的提示笔记，边听边联想边记。如遇内容生疏、或速度过快、或口音重的讲话，笔记宜少不宜多，笔记的重点应放在整句或整段的中心思想，不必拘泥于个别词语。对于已经掌握演讲稿的即席口译，译员普遍有思想惰性，以为拿译稿照本宣科便可顺利过关，事前并未预想临场改变，也不做做笔记的准备。一旦讲话者根据现场需要临时删掉稿子中的某些语句或段落，或即兴补充、发挥，译员则不知所措，要么还是照念原译稿，导致失真，要么哼哼啊啊讲不顺、错漏多，有损现场效果。因此，译员在事前打印译稿时，应该拉宽行距，并留出适当的空白以备临场笔记。如果条件允许，口译前，译员可同讲者初步沟通，划好停顿段落。演讲者现场读稿时，译员要边听边看译文，紧跟对照原文，若临时插话，可立即记在译稿空白处。

三、口译笔记误区

（一）误区一：笔记内容"多多益善"

许多口译学习者尤其是初学者倾向于记录下源语的所有细节，认为笔记记得越多越详细，译文会越准确、效果越好，事实并非如此。要认清这个误区，需要了解以下几方面：

1. 口译笔记具有暂时性、补充性

口译不是速记。速记师也使用各种缩写或符号来记录原语讲话，但是他们需要随后根据速记内容将其整理成文件或材料，供自己或他人使用，因此速记的笔记具有长期性和完整性。而口译的笔记只是起到"路标"的作用，是对译员短时"工作记忆"或一定时间内的长时间记忆的提示性补充，不能完全替代记忆职能，而且它是依赖并服从于工作记忆的，在完成了一个段落的翻译任务后，该段落的笔记则随着记忆的更新不再进入译员的搜索范围。作为即时的大脑记忆的补充，在一项口译任务结束后，笔记也就失去了作用。

2. 记录笔记也是译员认知负荷的一部分

根据吉尔的认知负荷模式 Phrase One：$CI = L + N + M + C$，即交替传译（第一阶段）＝听力与分析＋笔记＋短期记忆＋协调，口译的过程是一个运用多任务模式来处理源语信息的过程，而人的脑力资源有限总量与任务处理要求之间始终存在动态的供需矛盾。在交替传译的第一阶段中，笔记与注意力资源的占用呈正相关，机械记录原语，记得越多意味着用于其他部分的注意力就越少，会极大地影响对源语的理解和分析。

3. 记录是手段，表达是目的

笔记是听辨、提取意义后进行表达的辅助工具，笔记上呈现的应当是理解后为表达服务的提示，是内容的载体，而不是源语信息的文字化。如果无益于表达，那么记得再多都是在做无用功。有经验的译员记下的是他准备表达的话，而不是他的耳朵听到的话，过于紧跟源语的笔记会使译员在译出时产生大量不符合目的语习惯和规则的病句和错误。

（二）误区二：拣了关键词，丢了逻辑

为了实现笔记的"少而精"，在口译训练中，常常强调译员要对关键词进行提取，包括一些重要的名词、难记的数字和概念等，这一思维定式再加上受紧张情绪的影响，又使译员陷入另一个误区，即在记笔记过程中，单纯罗列关键词，忽视对源语信息的逻辑分析。

由于时间有限，关键词的提取就显得十分必要的。笔记的内容虽然不是多多益善，但口译笔记要体现其双记录功能：除了记录源语信息之外，也包括向目的语转换加工的过程，使之符合目的语框架。换言之，口译笔记必须是未被表达的半成品。只注意数字以及单一意义的词汇，单纯记录，而没有在分析后将其按照逻辑顺序排列，在译出时，只对着笔记上看起来一个个孤立的语言符号而脱离语境，忘记与其他信息的关系，译出的语言必然是支离破碎、没有条理的。

（三）误区三：多用符号、缩略语

由于笔记的时间限制，常常需要用到一些缩略语和符号来帮助记录以提高速度，有些符号在中英文中是通用的，许多基本符号也为大多数译员所接受。常见的符号有↗表示"增长""提高""增加""改进"等；常见的表示概念的符号有？表示"问句""未知""质疑"等；常见的缩略语有 UN 表示联合国等。它们的使用能够有效地节约时间，节省译员的精力。但是，这并不意味着要鼓励译员持续地对其进行"开发"。根据吉尔的认知负荷模式 Phrase two：CI = Rem ＋ Read ＋ P，即交替传译（第二阶段）＝记忆＋读笔记＋表达，在交替传译的第二阶段中，笔记解读与注意力资源的占用呈正相关的关系。因此，对于

缩略语和符号使用，必须严格遵循简明和易解的原则，二者缺一不可，否则就会发生识别危机，占用过多注意力资源，影响译语的表达质量。符号相对直观，但由于过于简单潦草，过多使用，会使笔记如同"天书"，在高度紧张的口译现场，译员会忘记该符号所代表的意思，造成表达困难。而由于中义的一字多义以及一词多义性，以及英文的许多单词的字母组合相似，频繁使用缩略语则会使译者在读笔记时反而要对其进行辨析。比如，在笔记中，单独出现一个"地"字，是"地球""地壳""地质"，还是"地面"呢？那样很容易造成误解。因此，这些符号和略语并不是约定俗成的通用系统，仅能供完善个人私用符号时参考。因此，建立一个大而全的符号系统是完全没有必要的，只需要对出现率或使用率非常高的词或是概念寻找一些符合译员自身认知习惯的标记或符号，以丰富自己的笔记系统，并且通过反复练习增加熟练程度，以减少口译过程中在脑中搜索与符号对应信息的时间，做到熟能生巧，运用自如。

（四）误区四：照搬书本和他人经验

口译是一项高难度、高要求的工作，也是一项非常注重实战经验的工作。对自身经验的累积以及对他人经验的借鉴，在口译学习中至关重要。但是，在口译笔记方面，如果陷入盲目照搬书本或是其他译员经验的误区，不但能力得不到提高，口译的质量也会因此而下降。比如用什么语言做笔记是一个引起广泛讨论的问题，大部分与口译技巧相关的指导书籍都建议采用译入语进行记录，认为其可以为表达提供便利，而且能够防止机械记录和语言翻译。但是，在实际操作中会发现，使用译入语记录并非轻松之举，在听辨过程这样复杂的认知过程中，译员要做到在既紧跟讲话人步伐，又筛选核心信息，分析逻辑关联的同时，进行语言转换，会增加译员的认知困难。因此，需要译员根据自己的实际能力和口译中的实际情况，在合理分配资源、实现平衡的前提下，做出适合自己的笔记语言选择，不能一味强求。口译笔记采取的记录方式同译员的双语类型和平衡，思维和记忆特征以及书写习惯紧密相关，呈现鲜明的个性化特点。译员在训练和使用笔记时会根据自己的能力形成适合自己的方式。适当借鉴其他译员的成功经验是必需的，但是，照搬他人经验，而不将其转化成适合自己操作的技能，则会加重译员的负担，适得其反。因此，需要依靠平时的积累和练习，不断将他人的间接经验通过实践内化成适用于自己的直接经验，最终形成一个实用的具有实效性的系统。口译笔记是译员记忆的补充和延伸，记录得当的笔记能减轻译员工作的记忆负担，保证译文质量。

在训练和使用笔记的过程中，存在许多误区，译员们要对其有充分的认识，并有针对性地克服这些误区。在口译训练中，要牢记以大脑记忆为主体，笔记为辅，定期进行无笔记练习以巩固听信息、记意义的能力，保证笔记成为辅助工具，不会喧宾夺主；注重逻辑思维的训练，养成边听边分析的习惯，理清笔记内容的逻辑顺序，使译文表达更加自然顺畅；口译属于实践性技巧，只有通过不断练习，合理借鉴间接经验，总结归纳直接经验，建立起适合自己的笔记系统，才能够做到"脑记"与"手记"的相互协调，优化脑力资源配置，保证口译的成功。

综上所述，在多数需要交替传译的场合下，笔记发挥着至关重要的提示作用，既不能不记，也不必多记。一份好的笔记犹如一块里程碑，指引着译者的前进方向，但整个口译的路程仍然需要依靠译员的记忆做铺垫去走完。记笔记相当于建造里程碑，用什么材料去建造、具体建造多少块，则完全由译者个人喜好进行取舍。"施工"是否熟练、顺畅，则完全仰仗平日里多实践、勤总结、常摸索，形成个人得心应手的"施工"操作方法。虽然口译笔记在整个口译过程中对接收源语信息不可或缺，但译员万万不能将主要精力放在笔记上，过分依赖笔记极易导致译员跟不上讲话者的速度而产生滞后甚至卡壳，译语的"收听"最终丢失大部分源语信息，转换也就无从谈起。译员必须清楚，笔记是辅助记忆的手段，与短时记忆互动、配合，共同提供译语转换所需的源语信息。译员的笔记要简易、直观，在实践中不断总结、改善，形成自己的符号系统，以简、快、准为原则。

第四节　数字口译

一、技能总述

在商务活动中，数字的重要性不言而喻．在本章节中，介绍的是单纯数字口译的基本技能，其中包括中英数字表达的各自特点，中英数字之间转换的原则以及中英数字互相转换时的注意事项。

数字口译是口译中的重点。因为"数字信息反映的是客观、具体、重要的事实"，所以在数字口译中译员要"保证信息得到准确、如实的传递"。同时，数字口译也是口译训练中一个的难点。因为在汉语和英语中，数字的表示方式不同。具体来说，汉语中数字的表达单位是"个、十、百、千、万、十万、百万、千万、亿、十亿……"都是以"十"的倍数来表示．而在英语的数字表达中，数字十是"ten"，百是"hundred"，千是"thousand"，万则以千的倍数来表示，如"五万"在英语中是"五十个千"即"fifty thousand"，百万是"million"，千万用百万的倍数来表示，一亿用英语数字表达是"一百个百万"即"one hundred million"，十亿和万亿（兆）则分别有专门的单词来表示"billion"和"trillion"。

由此可见，在英语中找不到对应"万""十万""千万"等直接对应的一个单词，要想翻译如"五万六千七百八十九""十四万三千二百一十"这样的汉语数字时，对应的英语数字就得进行相应的转换。

所以在进行数字口译训练时，首先将汉语英语中数字的转换关系牢记于心十分必要。如：

万：ten thousand

十万：one hundred thousand

千万：ten million

亿：one hundred million

百亿：ten billion

千亿：one hundred billion

掌握基本的数字转换关系，对于单纯数字口译（无文本数字口译）大有帮助。它减少了汉英思维对数字转换的影响，能够形成一种类似于公式的转换关系。比如听到百亿，译员的大脑中立刻浮现的就应是 ten billion。无文本数字口译作为数字口译的基础十分重要，它是一切数字口译技巧的前提。

二、技巧解析

英汉数字互译有其难度，这因为数字本身并没有实际的意义，特别是遇到上百万、上亿的长数字时。而且，英语和汉语中数字的表达方式差别大，在英文数字和汉语数字的口译转换过程中，初学者肯定会遇到很多困难．不过只要我们掌握技巧，由易到难，不断练习，就能熟能生巧，游刃有余。

首先，要进行单独的数字朗读。朗读单纯的教字为数字口译的基本练习，在不断练习朗读过程中，中英数字之间的转换规律会逐渐为练习者所掌握，能够熟练而又流利地用英语读出数字可以为以后的数字口译奠定良好的基础。

其次，熟练掌握上一部分提到的数字转换关系，做到随用随取。如万在英语中就是十个千——ten thousand，千万就是十个百万——ten million，百亿就是十个十亿 ten billion。

然后就是在读一长串数字时要有一定的技巧。比如6,126,510,798,461时，如需要把数字读成英文，对数字作三位标注，然后按以下单位读出：

6, 126, 510, 798, 461

trillion; billion; million; thousand

如果需要把数字读成汉语时，对数字进行四位标注，然后按以下单位读成：

6, 1265, 1079, 8461

万亿；亿；万

三、课文详解

（一）词汇拓展

专项补助：special subsidies；

综合经济实力：overall economic strength；

地方财政收入：local fiscal revenues；

基础设施建设：infrastructure development；

固定资产投资：fixed asset investment；

西气东输，西电东送：West-to-East gas transmission project and West-lo-East electricity transmission project；

可支配收入：disposable income；

进出口贸易总额：import and export volume；

消费品零售总额：total sales of consumer goods；

生态环境保护：protection of the environment；

保障改善民生：protecting and improving people's well-being；

地域辽阔，人口众多，山河壮美，资源富集：vast landmass, large population, beautiful landscape and rich resources；

（二）例文

全面提高中国西部地区开发开放水平

改革开放：reform and opening-up。

近十年来，中国政府在规划指导、政策扶持、资金投入、项目安排、人才交流等方面不断加大对西部地区的支持力度，向西部地区转移支付和专项补助超过 3.5 万亿元，安排中央财政性建设资金 7300 多亿元。西部地区经济建设、社会建设、文化建设和生态建设取得重大成就，进入了增长速度最快、发展质量最好、城乡面貌变化最大、人民群众受惠最多的时期。

中国西部的综合经济实力大幅跃升。2000 至 2008 年，西部地区生产总值从 1.66 万亿元增加到 5.82 万亿元，年均增长 11.7%；地方财政收入从 1127 亿元增加到 5159 亿元，年均增长 19.6%；固定资产投资由 6111 亿元增加到 3.58 万亿元，年均增长 22.9%。这几项主要指标增速均高于全国平均水平。

中国西部的基础设施建设取得重大突破。十年间，西部地区新增公路通车里程 88.8 万公里，其中高速公路 1.39 万公里；新增铁路营业里程 8000 多公里；民用机场达到 79 个，占全国机场总数的 49.4%。青藏铁路、西气东输和西电东送等标志性工程相继建成投入运营，重大水利、能源、通讯设施建设全面推进。

生态环境保护明显加强。我们在西部地区深入实施退耕还林、退牧还草、天然林保护、京津风沙源治理、三峡库区国土整治及水污染治理、三江源保护等重点生态工程。环境综合治理初见成效，一批循环经济试点积极推进。今天的西部天更蓝、地更绿、水更清，发展环境更加优美。

保障改善民生成效显著。西部地区教育、医疗、文化、就业和社会保障事业全面发展，人民生活水平不断提高。2008 年城镇居民人均可支配收入和农民人均纯收入，分别比 1999 年增长 105% 和 74%；农村贫困人口减少了 954 万人，贫困发生率下降了 1.6 个百分点。各族群众生产生活条件得到很大改善。

改革开放深入推进。国有企业改革取得积极进展，非公有制经济加快发展。已有近 20 万家东部企业到西部地区投资创业，投资总额超过 2.2 万亿元。2008 年，西部地区实际利用外资总额达到 66.2 亿美元，进出口贸易总额达到 1068 亿美元。改革开放成为西部地区加快发展的重要动力。

去年以来，中国西部地区经受了特大自然灾害和国际金融危机的双重冲击。中国政府在全面实施应对国际金融危机的一揽子计划中，继续坚定不移地深入推进西部大开发。中央扩大内需投资 43% 以上投向西部地区民生工程、基础设施、生态环境、产业振兴、技术创新和灾后重建等领域，并且带动了地方和社会资金投入西部大开发。今年上半年，西部地区生产总值增速达到 11.8%，城镇固定资产投资增长 42.1%，地方财政收入增长社会消费品零售总额增长 19% 均高于全国平均增速。

（三）解析

①近十年来，中国政府在规划指导、政策扶持、资金投入、项目安排、人才交流等方面不断加大对西部地区的支持力度。

参考译文：Over the past 10 years, the Chinese government has been scaling up support for the western region through planning guidance, policy support, financial input, project development and human resources exchanges.

近十年来应翻译成 over the past ten years，同时我们需注意出现"近……年"的句式时，翻译要用完成时时态。

②向西部地区转移支付和专项补贴超过 3.5 万亿元，安排中央财政性建设资金 7300 多亿元。

参考译文：We have provided over 3.5 trillion yuan in transfer payment and special subsidies to the western region and earmarked more than 730 billion yuan from the central govemmenfs fiscal resources to construction projects in the region.

其中转移支付可以翻译成 transfer payment, 专项补贴可以翻译成 special subsi-dies。遇到超过百万千万达到亿的数字, 如 3.5 万亿、7300 多亿元、1.66 万亿、5.82 万亿元、5159 亿、6111 亿、3.58 万亿等, 要特别注意汉语数字到英语数字之间的正确转换。这里较大的数字 3.5 万亿就是 3.5 trillion, 要牢记于心的是万亿就是 trillion。7300 多亿翻译成 more than 730 hillion, billion 是十亿, 7300 亿自然是 730 个 billion。

③ 2000 至 2008 年, 西部地区生产总值从 1.66 万亿元增加到 5.82 万亿元, 年均增长 11.7%。

参考译文: Between 2000 and 2008, the western region's GDP grew from RMB 1.66 trillion to 5.82 trillion, representing an average annual growth rate of 11.7%.

2000 至 2008 年翻译时候用词组 between...and...; 由于后面的数字 11.7% 表示百分比, 有频率的含义, 因此, 年均增长翻译成 annual growth rate, 表示频率的词 rate 要翻译出来。生产总值为 GDP, 全称为 Gross Domestic Product, GDP 这样的经济缩略词会常常出现, 其他常见的经济缩略词为:

CPI = Consumer Price Index 消费物价指数;

PPI = Producer Price Index 生产者物价指数;

IPO = Initial Public Offerings 首次公开募股;

RPI = Retail Price Index 零售物价指数;

QFII = Qualified Foreign Institutional Investors 合格境外机构投资者;

QDII = Qualified Domestic Institutional Investors 合格境内机构投资者。

④地方财政收入从 1127 亿元增加到 5159 亿元, 年均增长 19.6%; 固定资产。投资由 6111 亿元增加到 3.58 万亿元, 年均增长 22.9%0 翻译为: Local fiscal revenues increased from 112.7 billion to 515.9 billion

RMB, up by 19.6%annually.Fixed asset investment jumped from 611.1 billion to 3.58 trillion RMB, growing by 22.9%each year. 地方财政收入翻译成 local fiscal revenues，固定资产投资翻译成 fixed asset investment；从增加到可以用 increase from...to... 来表示。

⑤西部地区新增公路通车里程88.8万公里……

参考译文：Over the past ten years, the western region's highway mileage has increased by 888 000 kilometers.

公路通车里程可以翻译成 highway mileage，通车两字虽然没有单独翻译出来，其意义却包含其中。

⑥2008 年城镇居民人均可支配收入和农民人均纯收入，分别比 1999 年增长 105% 和 74%。

参考译文：In 2008, urban per capita disposable income and rural per capita net income increased by 105%and 74%respectively from the 1999 levels.

可支配收入可以翻译成 disposable income，纯收入是 net income，分别可以用副词 respectively 来表示。

⑦已有近20万家东部企业到西部地区投资创业，投资总额超过2.2万亿元。

参考译文：Nearly 200000 businesses from eastern China have invested a total of over 2.2 trillion RMB in the western region.

东部企业可以翻译成 businesses from eastern China，总额超过翻译成 a total of over。

在翻译好单纯数字的同时，也要注意数字所对应的"事实"，否则单单记住数字没有记住其所对应的事实便没有意义。如在这句话中，20 万对应的是东部企业的数量，2.2 万亿对应的是投资总额。

⑧ 中央扩大内需 the central government boosts domestic demand... 中央指的是中央政府，故翻译成 central government，扩大内需翻译成 boost domestic demand。其他关于财政、经济的常用词汇有：

budget bill：预算案；

budget deficit：预算赤字；

economic reform：经济改革；

investment environment：投资环境；

monetary policy：货币政策；

subsidy：补助，补贴；

unemployment rate：失业率。

⑨民生工程、基础设施、生态环境、产业振兴、技术创新、灾后重建这些四字专有名词可以分别翻译成：people's livelihood，infrastructure development，ecological conservation，industrial rejuvenation，technological innovation and post-disaster reconstruction.

⑩西部地区生产总值增速达到 11.8%，城镇固定资产投资增长 42.1%，地方财政收入增长 12.8%，社会消费品零售总额增长 19%，均高于全国平均增速。

参考译文：In the first half of this year, GDP in western China grew by 11.8%. Urban fixed asset investment rose by 42.1%, local government revenues increased by 12.8% and total sales of consumer goods grew by 19%. All these figures were higher than the national average.

增速达到……可以翻译为 grow by；社会消费品零售总额可以翻译成 total sales of consumer goods；翻译此句时也应注意不同的百分比代表的不同含义，以免数字和意义对应错误。笔记中可以用对应图式表示：

11.8% →西部地区生产总值增速。

42.1% →城镇固定资产投资增长。

12.8% →地方财政收入增长。

19% →社会消费品零售总额增长。

（四）译文

Towards Greater Development and Opening-up of Western China

Over the past 10 years, the Chinese government has been scaling up support for the western region through planning guidance, policy support, financial input, project development and human resources exchanges. We have provided over 3.5 trillion yuan in transfer payment and special subsidies to the western region and earmarked more than RMB 730 billion yuan from the central govemmenl's fiscal resources to construction projects in the region. These efforts have led to enormous achievements in economic, social and cultural development and ecological conservation in western China, a region that is experiencing faster growth, better quality of development, greater changes in the urban and rural outlook and more benefits to the people than at any period in history.

Significant increase in overall economic strength. Between 2000 tind 2008. I he western region's GDP grew from RMB I.66 trillion to 5.82 trillion yuan, represrnling an average annual growth rate of 11.7%. Local fiscal revenues increased from RMB 112.7 billion to 515.9 billion yuan, up by 19.6%annually. Fixed asset investment jumped from RMB 611.1 billion to 3.58 trillion yuan, growing by 22.9%each year. All these figures are higher than the national average.

Major breakthroughs in infrastnicture development. Over the past ten years, the western region's highway mileage has increased by 888, 000 kilometers, including 13, 900 kilometers of expressway, and its railway mileage by over 8000 kilometers. The number of civil airports has grown to 79, taking up 49.4%of the country's total. A host of landmark projects, including the Qinghai-Tibet Railway, West-to-East gas transmission project and West-to-East electricity transmission project have been completed and put into operation. And the development of major water conservancy, energy and telecommunications projects is in full swing.

Stronger protection of the environment. We are conscientiously implementing a range of major ecological projects in western China, including returning fannJand and grazing land to forest and grassland, virgin forest protection, dust storm rectuction projects to protect the environment of Beijing and Tianjin, land management and water pollution treatment project in the Three Gorges reservoir areas and conservation of the waterhead areas of the Yangtze River, the Yellow River and the Lancang River. Our comprehensive environmental protection efforts have achieved initial success and a series of pilot projects on circular economy are making steady progress. The western region today enjoys clearer sky, greener land, cleaner water and a better environment for development.

Notable progress in protecting and improving people's well-being. Education, healthcare, culture, employment and social security programs are all moving forward in the western region, and people's living standards continue to rise. In 2008, urban per capita disposable income and rural per capita net income increased by 105%and 74%respectively from the 1999 levels. Rural poor population was down by 9.54 million and poverty occurrence rate declined by 1.6 percentage points. The living and working conditions of people of all ethnic groups have improved significantly.

Deepening reform and opening-up. The reform of state-owned enterprises has made good progress and the non-public sector has grown at a faster pace. Nearly 200, 000 businesses from eastern China have invested a total of over 2.2 trillion yuan in the western region. In 2008 alone, the western region utilized US$6.62 billion of overseas investment and its import and export volume reached US$106.8 billion. Reform and opening-up have become a major driving force behind the accelerated development of the western region.

Since the beginning of last year, die western region has suffered the double blow of a devastating natural disaster and the international financial crisis. While comprehensively implementing the package plan in response to the financial crisis, the Chinese government has continued to firmly press ahead with the Western Development Strategy. Over 43% of the central government's investment to boost domestic demand is allocated to projects essential to people's livelihood, infrastructure development, ecological conservation, industrial rejuvenation, technological innovation and post-disaster reconstruction in western China. It has generated more local and non-public investment in the western region. In the first half of this year, GDP in western China grew by 11.8%. Urban fixed asset investment rose by 42.1%, local government revenues increased by 12.8% and total sales of consumer goods grew by 19%. All these figures were higher than the national average.

第五节　应对策略

一、听取信息

成功的口译首先取决于能否快速准确地获取源语讲话的信息。学习外语的人一直都重视听力训练，但在外语听力练习中我们一般更重视语言层面的东西，对信息的印象相对零散，一般只要求听懂并能做选择题或问答题就够了。口译任务对听力的要求则不同，译员需要在听懂的基础上对信息的整体和细节有全面的把握，以便于能够迅速地用口的语交流、完整地表达出来。能够听懂和能够表达是两个不同层次的要求，后者要求更高，难度也更大。

口译理解实际上是一个包含听取信息、理解会意和逻辑分析在内的快速而复杂的过程。在这一过程中，译员不仅要听懂源语所承载的信息，还要对信息进行分析，找出信息的逻辑层次和关系，将信息的全貌和细节有机地梳理起来。在表达的过程中，没有听力训练中常见的问答题或选择题来提示源语的内容，因此译员脑中对信息要有清晰的思路，这样才能将信息一气呵成，而不会丢三落四，或者说到一半卡壳。另外，在这一过程中，口译员所承受的心理压力非常大，很容易造成注意力分配不均，有时会出现本来可以听懂的内容口译时反而听不懂的现象。

要提高迅速准确获取信息的能力，除了要在课内课外加大听力练习的训练量外，还需要采用正确的练习方法。在口译中仅仅听懂源语讲话还远远不够，听完语音材料后，还应能够不经过准备，立即进行口头大意概述。概述时使用源语，即听到中文讲话用中文概述讲话的主要内容，听英文讲话则用英文概述。听中文讲话用中文概述的目的是让大家在没有听力压力的情况下，锻炼迅速组织材料并进行口语表达的能力。听英文进行概述的目的在于提高英语听力和英语概述能力。有的人可能会认为这种练习很简单，但做起来并不那么容易，在整理信息和组织语言的过程中有时会遇到意想不到的困难，如信息组织凌乱、语言表达不连贯、有的内容一时想不起来等。概述练习时尽量不要拘泥于源语的遣词造句，而应该关注整段话的逻辑关系，抓住主干信息。

二、逻辑分析

口译中的逻辑分析指的是对讲话纵向和横向的分析，纵向分析是指分清关键信息和辅助信息，即找出逻辑的层次；横向分析则是明确各信息点间的逻辑关系，如因果关系、对比关系、举例说明等。逻辑分析的目的是为了透彻地理解源语讲话的内容，对信息的点（具体的信息内容）、线（各点之间的联系）和面（整体印象）进行全面把握，以便于记忆和表达。信息经过分析加工，容易在记忆中留下更深的印象。

逻辑分析练习可分为纵向分析和横向分析。纵向分析的训练方法是将听到的内容做一个总体的分析。即纵向分析要求进行逻辑分层训练，即在听完一篇讲话后首先用一句话概括出讲话的中心内容，这是逻辑的最上层；围绕这一中心问题讲话人谈了哪几个方面的内容，这是第二层关系；而每个方面又具体谈了什么，这是逻辑的下一个层次。例如，"众所周知，老年大学一般招收那些已经离退休的老人，也就是说，那些 60 岁以上的大爷大娘是学校的主要生源。"翻译时，首先要纵向理解"老年大学"的概念，然后，再解释其学生的特点。就这样将信息一层一层地剖析下去，形成一个清晰的逻辑线路图，然后按照逻辑线路对源语进行复述，复述时不必拘泥于源语的顺序和结构。

横向分析的练习则要求我们找出信息之间的逻辑关系。一般的信息结构都遵从一定的逻辑关系模式，如：概括（generalization）、分类（classification）、因果（cause-effect）、对比对照（compare&contrast）、按照时间、空间、步骤、重要性的顺序排列（sequencing）、列举（simple listing）、提出问题—解决问题（problem-solution）等。找逻辑关系可以根据线索词汇进行，如英文里表示概括关系的线索词汇有 to sum up, in summary, in conclusion, in brief, in short, on the whole 等；表示顺序的词汇有 first, second, furthermore?before?preceding, during, when, finally, meanwhile 等；表不对比的词汇有 likewise, as well as, in common with, both, similarly, compared to 等；表示对照的词汇有 on the other hand, on the contrary, otherwise, instead, still, yet, whereas, differently 等；表示因果的则有 so, since, because, as a result, consequently, lend to 等。

逻辑分析要求在听取信息时不是被动地接收，而是在全神贯注地收听的同时，结合自己对口译场景和讲话人背景的了解，进行合理的分析和预测，这样才能更好地跟上讲话人的思路，缓解"听"的压力，使口译理解更轻松、更准确。

三、视译的运用和技巧

视译是指译员边看书面材料边将内容口译出来。需要使用视译的场合包括：

第一，旅游、参观时译员根据参观点所提供的文字说明进行口译。

第二，在对话翻译过程中，其中一方出示一些书面材料，需要现场译给对方听。这种情况在商务谈判和法庭翻译中尤为常见。

客户在获得外文书面材料后，由于时间的关系或其他原因，未能将材料译成书面文章，但又非常想了解材料的内容，以便研究对方的立场，制定本方的策略，因而要求译员在现场或在谈判前将材料口译出来或对着录音机将内容录下来。

发言人使用投影机或 PPT 将发言或演示的内容制成幻灯片，边讲边将幻灯片打在屏幕上，译员将幻灯片上的内容译成目的语。

要做好视译，应注意以下几个问题：

①利用阅读材料的时间，充分理解源语的意思。

②边读边做一些记号或做适当的勾画（生难词、意群、断句、该置前或置后的部分）。

③保持句子的通顺、完整，一气呵成，译出的部分不要再回收，尽量避免反复修正。不足的地方可用其他办法加以补充、修改。

在视译训练过程中，合理断句和熟练进行两种语言间的转换，是训练的重点。正因为如此，视译练习往往被视作是口译过程中从交替传译到同声传译的衔接和过渡。

在汉英互译过程中，平时有约 30% 的句子可以用顺译的方法来处理，而 70% 则需要用词性转换和位置调整。在阅读原文时，一般可用下划线、括弧、箭头等记号来表示重点、意群、前后移动等。

四、理解中的应对技巧

由于口译的现场性强，口译工作常伴随巨大的压力。即使是译员的语言能力很强，准备工作也很充分，口译中仍可能由于讲话人的语速太快、口音太重、信息太密集，或者由于现场环境和口译员自身状态等原因而出现困难，译员需要尽量不动声色地应对这些临时出现的困难，让口译继续进行下去。因此，有人将口译过程比作是一个危机处理过程，这的确道出了口译工作中不为一般人所知的方面。

口译理解中最常见的困难是没听清或没听懂一个单词、句子甚至是一段话，或者是听懂了但没记住。无论遇到哪种情况，最重要的一点是保持冷静，不要紧张。口译不是字词的对译，而是信息的传达。一个词或几个词没听懂，并不一定会影响对整段话的理解，关键在于保持冷静心态，继续往下听，往往根据上下文能够得出整段话的含义和关键信息所在。因此，对于个别未听懂的部分，可以省略或者采取模糊处理的方法，即说一些与上下文并不矛盾但并没有什么实质性内容的话。但如果遇到关键的信息没有听懂，口译无法继续，则需要请讲话人解释一下，再进行口译。但这种方法不宜使用得过于频繁，以免造成听众对口译员的不信任。在条件不允许的情况下，只能根据自己对口译任务和讲话人背景的了解，结合上下文进行合理猜测。

懂了但记不住也是初学者经常碰到的问题，这是由于口译记忆本身的局限性和译员笔记运用不当造成的。口译记忆和口译笔记的技巧已经在前面进行了详尽的阐述。这里需要特别强调的是，口译记忆和笔记针对的是信息，而不是源语的具体用词。如果记忆只是停留在源语的字词表层，未能对信息进行逻辑分析等深加工，那么，信息遗忘的概率则会相对较高。笔记如果只记了一些零散词语，而没有体现逻辑线索，也无法起到对整段信息进行提示的作用。有的人在听完一段话后，往往记住了一些细节，而对信息的组织和结构却很模糊，这是初学口译的人特别需要注意避免的。

（一）现场口译中，遇到没听懂情况时的技巧

现场口译中，如遇到没听懂的情况，可以按照下述三步法对付：问、补、扔。

1. 问

问：可以问讲话人，也可以问对方译员，或是在场的其他人。但至于问谁比较合适，要看具体情况。如果是讲话人谈了一件令人摸不着头脑的事情，恐怕得问讲话人。如果是一个技术词汇，在场的专家就比较合适。另外，实践中轮到译员开口时，在场的人都会把注意力转到译员这里。此时，只要抬起头来，眼中露出询问的目光，马上就会有人替你解围。

不合适问的场合包括（但不仅限于）：

①译员没抓住讲话人的准确用词。首先，问题没法开口；其次，需要和讲话人稍微讨论一下才能确认问题是有关刚才说的哪一点。

②译员和讲话人同站在台上。讲话人被译员猛一问，可能会一愣，有失形象；而且台下听众距离比较远，他们不会知道译员是在澄清一个问题，会使场面很尴尬。

③译员已经问了几次了。这会影响讲话人和听众对译员的信心，没有必要，反正当场也不可能替换译员。

④译员问了，但是没听懂讲话人的回答。

2. 补

补：如果没有办法问，就必须走下一步，根据上下文和自己的理解，补齐原话的句子或意思。在这种情况下，虽然译文与原话不同，但是没有大错，可以保持讲话的继续。具体怎么补，需要根据当时的情况灵活处理。这里提供几个译员常用的补话表达法：

①这一点。

②这些。

③等等。

④这些人。

⑤这一点很重要。

⑥这方面的问题。

3. 扔

扔：如果连"补"都有困难，那就只好走最后一步"扔"，也就是没听懂的地方干脆不译。这是在既无法问，又补不出来，或因为吃不准、不敢补的情况下的无奈之法。

很多人可能对这里讲的"补"和"扔"感到担心——怎么可以倡导"乱来"呢？这不是乱来，而是实战中的应付方法。所谓实战，也就是说：

①译员卡住了，整个活动也就都卡住了，所以没有其他选择，只有说下去。

②译员的水平都是相对的，都是从不懂处较多进步到不懂处甚少。也就是说，都是从"补"和"扔"中过来的，这是现实。

③如果要还不放心"补"和"扔"，那么在众目睽睽之下，还有什么其他办法吗？恐怕没有。

上述三步法讲的只是实战中的应付技巧，要想减少"听不懂"的成分，就必须不断提高自己的语言技能，增加知识量。

（二）口译现场中应注意把握"四别"技巧

口译现场中还应注意把握以下"四别"技巧：

1. 别停下

听懂什么记什么，记下什么译什么，无论如何不能卡住。如果译不下去了，要马上从下一个会译的地方开始。如果当时自己说话到一半，还没有"完句"，就尽量说点不痛不痒、不会有错的话，或是换个方式，重复有把握的几个字过渡一下。只要顶过去了，把该译的一段话译完了，就是完成任务。漏译，甚至错译，都比僵场好。设想一下，如果译员没词了，全场鸦雀无声是什么结果。

这一点似乎与人们的一般本能反应相抵触。在没有把握的时候，人们通常要先想一想，即使想不出来也不瞎说。实战口译则必须有敢于硬着头皮说下去的勇气，即使明知道说得不准确也必须说下去。这当然不是说出错没关系，而是说实战口译的最高原则不是对与错，而是必须把句子说完，把话说完。

2. 别露馅

千万不要从表情和形体动作上暴露出自己没听懂，或没记下，或是在硬着头皮翻译。实战口译中，译员是什么水准就是什么水准，表示尴尬无助于提高质量。注重口译水准当然重要，但是口译现场根本不是译员表现自己觉悟的时候，也不是提高水平的机会。现场是要完成任务，轮不到译员自责、尴尬或谦虚。不懂双语的听众完全依赖译员，如果译员在台上面露苦笑，摇头叹气，那让听众怎么办？是继续听呢，还是不听？

3. 别着急

把握住自己说话的节奏，把握住作为译员特有的控制权。经验不足最常见的毛病是在口译中说话时快时慢。往往是笔记清楚、翻译顺利的时候说得快。原话没听清楚，或笔记不理想，或翻译吃不准的时候，速度就明显放慢。这样不仅听上去很不舒服，而且听众一下就知道译员遇到麻烦了，影响他们对后面译文的信心。

最理想的局面是，除非讲话人有意明显加快或放慢速度，译员应基本保持一个稳定的速度，每个意群结束时停顿一下。听上去"哒哒哒，哒哒哒，哒哒哒"，非常清楚。停顿时，译员可以从笔记本上抬起头来，与听众目光接触。这样不仅能大大增加听众对讲话的兴趣和理解，而且给了译员自我调节的余地：明明知道要说什么话，但有意放慢节奏，腾出时间想下一句怎么说。

4.别太久

译员一定要在讲话人讲完之后两秒钟之内开始翻译。实战口译中，停顿一秒钟好像是喘气，很自然。超过了就觉得有点长，如果超过两秒钟，会觉得停顿了很长时间，让听众为译员担心。造成这种印象的原因，一方面是由于刚才还有人在慷慨激昂地讲话，突然间没有声音了，反差很大。另一方面译员会觉得自己耽误了很长时间，并因此感到心慌。

五、口译中的去繁就简

（一）口译中的言过其实

汉译英的最大特点，就是译文显得有些啰嗦。这不仅给译员带来了沉重的负担，而且常常听上去让人觉得词不达意，或者言过其实，甚至给人造成缺少诚意的印象。文化差异中最典型的，同时也是屡见不鲜的例子，就是把"衷心感谢你们的盛情邀请"译成"heart-felt thanks for your warm invitation"。

首先，英、美人士即使在正式场合表示感谢时，也往往仅说 thank you for... 而极少用 heart-felt thanks。

其次，在英文里，感谢主人的盛情邀请用 thank you for your invitation 就已经到位了，在话到位之后还继续加强语气，就是画蛇添足，就会听上去言不由衷。举个中文的例子：如果与你同龄的好邻居看到你手中提了很多东西，帮你拉开过道的门，你说声"谢谢"恐怕就足够了。但是如果你认认真真地说"我真是衷心的感谢你帮我拉开了这扇门"，你的邻居很可能会一愣，使劲想你到底是什么意思。

英译汉时，中外双方五六个人坐在一间小屋子里，也不是什么特别的高层会谈，外方接待的人档次也不高，如果这时翻译说 First of all, I would like to extend our heart-felt thanks for your warmest invitation，在英美人士听来，就有点上面描绘的那种感谢过头的感觉。

但是在中文里，不说"衷心感谢"，不提"盛情邀请"，又似乎显得不够热情。译员必须根据情况掌握分寸，既要充分表达中方的诚挚谢意，又不能完全直译，以免让外方听了过分，结果适得其反。

（二）口译中的重复表达

导致英文译文啰嗦的一个重大原因是中文里的重复现象。重复有语言上的根本原因。中文里以代词开始的从句，没有英文里使用得那么普遍，经常需要靠重复来明确动作的始发者。这只是中文重复较多的一个例子。

在实战口译中，中文的重复有两大类型。一类是后面两个字说的意思和前面两个字差不多。在这些情况下，汉译英时不用译出重复说明或是强调语气的那部分，只要译出核心词就够了。

如：刻苦勤奋 diligent

兢兢业业 dedicated

多才多艺 talented

不断扩大 expanding

更新、更高的要求 higher demand

另一种类是，有一些字是用来强调语气的，实际上并没有增加新的意思。

如："不断扩大"（有断断续续的扩大吗？扩大本身就是一个发展过程的概念）

"更新、更高的要求"（新要求是否已经包括了更高要求的含义了呢，或者说更高的要求不已经是新的要求了吗？）

"深入探讨"（哪些探讨是肤浅的呢？）

"反复重复"（反复的不就是重复的呢？）

强调语气的另一种表现是修饰词加修饰词，层层相叠这些修饰词如果不一一译出，译员会担心被说成是遗漏，不信确。如果是领导的正式讲话，那更是敏感。但是如果把中文里的所有字都翻译出来，英文句子自然冗长。

（三）口译中的多余字词

最典型的例子就是中文一句话中最后一个词，似乎是在总结概括前面已经描述过的情况。译成英文时，最后这个总结词经常扔掉。

下面是几个例子，除了参考译文之外，还提供了简化的中文说法。可以看出，简化后的中文和原句的意思没有什么差别，说明被扔掉的字词可有可无，如表2-1

所示。加下划线的部分是提请大家需要注意的地方。

表 2-1　口译中的多余字词

中文原文	参考译文	中文简化
应该考虑经济发展<u>情况</u>	Should consider economic development	应该考虑经济发展
形成了人人谈世界贸易的<u>状况</u>	Everyone is talking about world trade	人人谈世界贸易
经济效益不好的<u>局面</u>	Lack of cost-effectiveness	经济效益不好
产生了没有希望的<u>想法</u>	Beginning to feel hopeless	觉得没有希望
逐渐形成了不愿意上学的<u>心情</u>	Feeling increasingly reluctant to go to school.	越来越不愿意上学
我国经济发展<u>势头</u>良好	Our economy is developing really well.	我国经济发展良好

（四）口译中的复杂词句

去繁就简还有另外一层意思。这就是越感觉难翻译的表达法，就越需要从简处理。一绕到原文里，就翻不出来了，这个技巧可以总结成：抛开原文的约束，看清原话的意思，然后用平平常常的话说出来。为了便于记忆，可以缩略成：抛开原文，看清意思，白话说出。

这个技巧可以帮助我们应对汉译英中的两大难题，两者都是中外专家坐下来探讨半天也不一定有满意结果的翻译。在实战中，这两种情况都要求译员在一两秒钟之内解决。这里举几个说明。

成语和谚语是第一大类。应对方法是如果不知道对应的英文说法，就争取用英语中能听懂的话说出来：

一箭双雕 killing two eagles with one arrow

胸有成竹 have a complete picture in one's mind

井底观天 size up the sky from the bottom of a well

一衣带水 It's so close that you can't walk past without getting wet.

东施效颦 An ugly woman can t look better by imitating the smile of a beautiful girl.

大惊小怪 It's like being started by things both big and small.

上面的例子中，译文都不完美。而且如果把这些话让英美人士去说，每个人的说法恐怕都不一样。但是关键在于他们都能听懂这些话。下面举的例子，有的是国家级的正式概念，有的是某个单位自己的口号。其中第一个已经成为英美对华关系和商界所接受并熟悉的说法。

三个代表 the Three Represents

四个第一 the Four Firsts

五个重点 the Five Focuses

五讲四美 the Five Promotes and Four Beautifuls

六个全面 the Six All-rounds

上述这些翻译处理都比较粗糙，听上去中文味道挺浓，很有改进的余地。但是在实战情况下，译员面对听众，必须在讲话人讲完之后两秒钟内开始翻译，能处理到上面这样，既可表达源语的意思，又能让人听懂，就是完成了任务。回家之后再琢磨下次碰到同样的话该怎么处理。

第六节　表达提升

一、信息表达的忠实原则

口译以忠实地传递源语所表达的信息为宗旨，以促进交流为目的。但是，忠实传递并不意味着要翻译出讲话人说的每一句和每一个字。语言只是信息的载体，语言所表达的内容和含义才是翻译的对象。从信息结构来分析，任何一篇讲话都包含有两个层次的信息：一是主要信息，就是我们平常说的 message，指的是讲话人想要表达的主要意图和想法；另一种的信息是主要信息的包装部分，称为次要信息，包括讲话人为了让听众更好地理解话语而特意做的铺垫，如为了说明某个关键问题而举的例子。次要信息还包括讲话人的语言习惯和风格，如有人喜欢正式语体，有人喜欢诙谐调侃，有人喜欢大量使用专业词汇，有的人讲话通俗易懂等。另外讲话人的语气语调、地方口音、表情动作等也能反映出他的背景、心理状态等信息。讲话人有意或无意表达的次要信息可以加强或削弱主要信息传递的效果。

口译的忠实原则首先要求译员在任何情况下都必须将主要的信息忠实地传递给听众，在尽可能的情况下译员应传递辅助信息以及讲话人的语言风格。但是诸如讲话人浓重的口音、无意识的语法错误、口头禅、重复啰嗦的表达以及因为紧张而没能说完的句子等，则不必如实地传达给听众，因为这样会给交际带来负面影响。

在交替传译中，口译员有着较大的自由度，可以不必完全按照源语讲话的顺序，而是根据表达的内容和目的语的习惯将信息译出。

二、口译失误处理

口译工作中的失误大致包括三种情况：译员翻译的失误，发言人的失误和口译设备的失误。在出现失误的情况下，译员不应该惊慌失措或含糊过关，而应采取适当的策略妥善处理。

（一）译员翻译的失误

即便是最优秀的译员有时也难免会出现错译、漏译的现象，在这种情况下，主要处理方法有忽略、修正、重译等。译员由于紧张、匆忙而引起个别语法发音失误可以忽略，局部意义的错译、漏译只要不是在十分正式的场合（如外交场合）且不影响大局也可以忽略。因为，在这种情况下，听众更关注的是口译传递的信息而不是斟词酌句，译员的修正反而会使听众对口译的质量产生怀疑。译员如果发现自己翻译的内容出现了较大的失误，则必须进行修正，但是修正的时机和方法应得当，设法自圆其说，保证译语通顺流畅。上述两种办法都不适用时，只好重译，或部分重译或整句重译。但是过多的重译会使听众怀疑口译的质量，因此应慎重使用。

（二）发言人的失误

由于发言人的语言水平、知识水平以及现场发言的即席性，发言人的失误时有发生，这时口译译员应妥善处理，主要办法有：自动更正、暗示和询问。

对于发言人的明显口误，文化差异引起的语用失误等，译员应予以更正。发言人发现自己的失误而修正说法时，译员只需译出修正后的词句，不必把失误也译出。如果发言人的失误并不明显，译员并无把握，则可在翻译时改变语速，用疑问的眼神提醒发言人。发言人如果也懂目的语，也会修正过来；或者请发言人重复一遍，如果发言人仍维持原话，译员则可照译。

（三）口译设备的失误

在正式交替传译中通常要使用麦克风，如果提问者没有使用麦克风，译员应该及时提醒。设备的失误可能使译员接收到的声音出现失真，从而增加译员的精力负担。如果接收的质量很差，译员则应尽量译出大意，并向观众或主办方说明情况。

口译工作中还可能出现其他失误，如译员间的协作失误等，无论是何种失误，译员都必须沉着冷静，随机应变，以确保口译顺利进行。

三、口译的三方两面交流

（一）与讲话人的交流

这里需要注意的是和讲话人的配合，或者说是善于与讲话人的协调。首先，就该争取事先和讲话人沟通一下，告诉他既不要一口气讲十分钟，也不要一句停，前者影响口译质量，后者影响讲话效果。其次，不常使用翻译的讲话人，有时会忘记需要停下来，让翻译说，这种情况下一般可以客气地打断讲话人说："对不起，请让我把这段翻译一下。"

做完这段翻译后，最好能面朝讲话人的方向，把视线从笔记本上抬起。这样，讲话人就知道翻译完了，可以继续往下讲；译员没有抬头就是还没有译完。很多讲话人都不懂外语，所以不知道译员是停顿下来看笔记呢，还是已经说完。最好不要让讲话人去判断，以避免判断不准的情况。如果译员的动作很有规律，讲话人马上就会意识到，给予配合，避免因两人同时开口而带来的计划外的插曲，使整个讲话和口译丝丝入扣。

在比较小的场合中，尤其是如果一组人都坐在桌前的情况下，与讲话人的交接就比较容易。但是在大场合下，尤其是讲话人与译员距离比较远的时候，有固定的做法能避免因讲话人过早开口而带来的尴尬。

（二）与听众的交流

第一是目光的交流。目光交流的作用：一是表示对听众的尊重；二是吸引听众的注意力；三是维持听众对讲话人或内容的信心。这里需要提醒的是，译员说话期间，所有听众都把目光集中到了译员身上，讲话人失去目光交流的机会，完全依靠译员做好这项工作。译员应该经常利用笔记比较清楚，自己对译文比较有信心的时候，从笔记本上抬起头来，一边说一边看一下在场的听众。

与听众交流的内容不仅如此。如果讲话人话音一落，听懂原文的听众鼓掌赞赏，那么译员也应该争取在自己的译文结束时，让听译文的听众鼓掌。这点要求和争取把讲话人的幽默翻译过去的道理是一样的。否则在听众看来，译员显然是没有把刚才讲话中最精彩的内容传达过去。如果说幽默很难翻译是个大家都可能理解的事情，那么如果刚才听原文有很多人鼓掌，可是现在听译文却根本感觉不出鼓掌的必要，岂不是对讲话人和听众失职？

目光交流的另一个作用是获取听众的反馈或反应。带来掌声的第一因素当然是讲话内容。但是还有第二因素，这就是领导讲话的时候，有时会明显地提高声调，然后留下明显的停顿，示意鼓鼓掌。作为译员，必须用语气、口气和讲完时抬头看听众的办法，把讲话人期待鼓掌的意图忠实地传达过去，让译文的听众也能体会到原意，做出反应。

当然，这些原则都是说起来容易，做起来难，需要多次实践才能有所体会。

（三）形体与表情

交流方式和渠道不仅限于目光，形体动作或表情也是组成部分。比如在处理幽默的时候，可以先尽量从译文上做文章，然后在传达时微微一笑，提醒听众这是玩笑而已，不可当真。

四、使用第一人称

笔译中不存在人称的考虑。原文用什么人称，译文用什么，没有选择的余地。而口译中就有讲究。比如，如果讲话人说"我"，译员是否也说"我"，还是说"他说"？

以下是需要根据具体情况判断的几种处理方法：

①谈话内容和场合越正式，越需要用讲话人的第一人称"我"。

②如果译员同时服务于多名讲话人，那就可能不得不用讲话人的名字、职称或称号来区分哪段话是谁说的。

③如果双方交谈热烈，说话不长，你一句，我一句那也能用第一人称。如果用第三人称，每句开头都说"他说"，那就太麻烦。

④在把握不准的时候，也应该用第一人称。

当然，这些场合还可以分得更细致。但是在多数情况下，如何处理人称属于常识，到时候就知道该用什么了。

口译中还有一个经常遇到的人称是"我们"。由于讲话人往往是以某公司或组织机构的身份发言，所以即使原话用的是公司或者这个组织机构的名称，译员也照样可以用"我们"代替名称。

在两种情况下，使用"我们"能带来很大的帮助。一种是在名称没记清、说不准的时候。另一种是为了抢时间，尤其是在做同传的时候。

没记清、说不准的情况在讲话人结束发言的提问阶段经常发生。往往是听众里站出一位提问者，在提到公司名称的时候，经常说得比较快。如果这个名称很陌生，又比较长，就可以用"我们"。比如，有这么一句：Thank you for bringing the issue to our attention.Fuerst Day Lawson will never leave customers out in the cold.The practice has always been... （谢谢你提请我们注意此事。我们绝对不会扔下顾客不管。我们的做法一向是......）。

在这种情况下，可能还无法请讲话人重复公司名字。比如，当时讨论很热烈，译员询问公司名称容易打断交流。另外，如果这个公司名称挺长、挺偏，三下两下可能还问不清楚。这种情况下开口问，有可能引火烧身；万一问了还听不懂，岂不更糟糕。

还有一种场合用"我们"不仅应该，而且更好。这就是中文里的无主句。例如，"携手同行，合作共赢"，可以翻译成 Advancing hand in hand, we work together for a win-win cooperation，增加主语"we"更符合英语的表达习惯。

第七节　译前准备与译后总结

一、译前准备

（一）技能总述

译员的工作完全是现场直播，几乎没有一丝的修改和重来，更不能在翻译现场询问他人或查阅工具书。所以译员的译前准备工作尤显重要。译员平时要有意识地进行口译技能的训练，积累各个领域的知识，这样才能厚积薄发，在翻译现场上游刃有余，使翻译工作达到既准确又顺畅，顺利地完成翻译任务。译前准备主要包括以下三个方面。

1. 日常的知识储备

当今国际合作日益增强，国与国之间的交流更加频繁，各种语言之间的翻译工作也随之重要起来。译员已经成为国际间各项工作与交流的桥梁和纽带。时下各种新理论，新观点层出不穷，新的词汇和缩略语也随之不断地产生。这就要求译员必须紧跟时代、紧随潮流，与时俱进地不断丰富自己的知识储备，来适应这日新月异的时代。所以译员在日常的生活和学习中要留意各个领域的发展新动向，如政治、经济、贸易、军事、环保和文艺等方面出现的新事物、新事件和新词汇。译员在平时的生活和学习中要注意搜集和掌握缩略语、新词汇及其正确译法来丰富自己的词汇量。这样在翻译现场才能信手拈来，突破各种障碍。

口译服务涉及的题材多是当今世界上前沿的科学理论和观点、新的政治事件、经济磋商和军事争端。因而对译员提出了更高的要求。当然译员不是科学界的权威、政坛的领袖、经济界的风云人物，但他们是理论、观点的传递者。译员自身的文化底蕴和知识面会影响其翻译内容的准确性和科学性。所以译员要知晓诸多领域的知识，虽然不必成为某个领域的专家，但要成为行行略知的"杂家"。这就要求译员要不断地拓展自己的知识面，尽可能地接触各个领域的理论，培养广泛的兴趣爱好，博览群书，甚至达到"上知天文，下知地理"的程度，以应对不同口译对象和内容。这对译员来说不是一朝一夕就能实现的，而要通过译员主动吸取知识，循序渐进地慢慢积累。

当今获取知识的手段和途径很多，译员可以通过书籍、广播、电视、互联网等渠道获得。所以译员的日常知识准备就是要多交流、多阅读、多掌握、多积累、来扩展自己的知识范畴加深理论深度，增加信息储备来应对即将接到的各种口译工作。

2. 接到任务后的准备

前面谈到的"广种薄收"可以理解为译员的背景知识积累。而当译员接到了口译任务又该做哪些具体的准备工作？

首先译员最好向主办方索取会议的相关材料，包括会议的议题、发言人的个人背景资料以及发言稿等。这样译员才会对本次任务有一个大致的，粗线条的了解。同时译员还要搜寻自己的知识储备库，提取与本次任务相关的信息。如果信息量不够，还要有针对性地通过各种资料及互联网使之丰富。译员需掌握本次任务可能出现的新词汇、新短语、新缩略语，基本弄懂其相关的科学理论和主要观点。

其次，译员需要了解发言人的社会地位、社会经历、说话习惯、思维方式等方面的信息。如果主办方事先提供发言人的发言稿，译员就要有的放矢地针对其发言稿做好详细的准备工作。

另外，译员还要考虑到如果主办方不能事先提供发言人的发言稿或者发生发言人临场易稿的情况。为此译员应该向主办方了解更为详细的大会背景资料，比如本次会议的主要议题，或者要达成某种协议等，结合自身的知识储备做出大量的应对预案，以确保任务的顺利完成。

接受任务的准备，其实就是在译员的日常知识储备库中提取相关的信息，再加上会议主办方提供的背景资料进行综合处理的过程，以及会议上阐述的主题和科学理论。译员应尽可能地把握好发言人的主题思想。

3. 临场准备

译员要提前一小时左右来到会议现场，以免会议日程改变而措手不及。并且也可以利用会前和休会时间同发言人进行接触，以便掌握其口音、语速、有无习惯性用语。通过与发言人的接触与交流，译员也能对即将翻译的词语、句子进行合理推敲，以便更准确地翻译原文。

　　临场准备还包括译员的仪表和着装。译员的衣着打扮要视会议场合和情景而定，在正式很隆重的场合译员要以正装为宜，而不太正式的场合则可着便装。在口译现场，译员还要具备极强的自信心和临场不乱的心理素质。只要译员能够充分做好上述三步骤的准备工作，就可以从容应对各项口译任务，顺利完成工作。

（二）技巧解析

　　下面以译员接到一个以低碳经济为主题的相关会议的口译工作为例，来看译员应做的译前准备工作。

　　1.掌握主题的基本概念意义

　　低碳经济是两会热议的焦点，译员应首先熟悉低碳经济的概念，了解其相关的内容。可以查阅书籍或在互联网上查询"低碳经济"主题相关的历史资料。译员最好准备双语资料，这样可以掌握与会议主题相关内容的两种语言的表达方式。

　　2.掌握与低碳经济相关的术语

low-carbon economy：（LCE）低碳经济；

greenhouse gas：（GHG）温室气体；

carbon dioxide：二氧化碳；

global warming：全球变暖；

zero-carbon society：零碳社会；

global warming mitigation：缓解全球气候变暖问题；

carbon intensity：碳浓度；

low-carbon technology：低碳技术；

low-carbon lifestyle：低碳生活方式；

carbon emission：碳排放；

low-carbon society：低碳社会；

methane：甲烷；

carbon footprint：碳足迹；

low-carbon energy：低碳能源；

low-carbon development/growth：低碳发展；

carbon emission reduction：减少碳排放；

green economy：绿色经济；

clean energy industry：清洁能源产业；

clean energy technology：清洁能源技术；

UN Climate Change Conference：联合国气候变化大会。

3. 掌握会议全称的中英文表达方式

例如：

低碳经济下的电源创新 Innovative Power Supply in a Low-Carbon Economy

4. 熟悉这次会议的程序、具体安排和日程表

译员最好向会议主办方索取资料。例如：

① 2010 年 9 月 11 日（周六）下午，开幕式主题报告会；

②演讲嘉宾讲话；

③颁奖典礼；

④ 18：30～20：00 晚宴。

5. 掌握可恨出席会议嘉宾的头衔、职务等等

此次大会中，有几位中外嘉宾讲话，译员在做译前准备时，要知道这些嘉宾的头衔及其正确的英汉译法；另外，译员要熟悉颁奖典礼及晚宴中经常使用的句式和英汉表达方式。

6. 下面分别介绍几种各种口译场合常用的句式

用于表达礼仪性的欢迎、致谢、祝愿之情通常有固定的表达方式，语言较为正式。译员在平时的工作中要注意积累这些语言，并熟练运用。

（1）表达东道主对来宾的欢迎

我很荣幸地代表中国政府和人民向来自......的代表团表示热烈的欢迎。

I have the honor to express this warm welcome on behalf of the

Chinese Government and people to the delegation from...

我谨代表总经理以及公司的全体同仁，感谢各位从百忙中拨冗光临我们的新年联欢会。

On behalf of the general manager, and on behalf of all my colleagues of the company, I wish to thank you all for taking time off your busy schedule to come to our New Year's party.

（2）嘉宾致辞表达感谢之情

我荣幸地答谢您给予我们的热情招待。

I have the honor of reciprocating your warm reception.

很高兴在春暖花开的时节来到伦敦，同各位同事共商应对国际金融危机、恢复世界经济增长之策。首先，我对布朗首相的盛情邀请和周到安排表示衷心的感谢！

I am pleased to come to London in this balmy spring season and join you in discussing ways to tackle the global financial crisis and restore world economic growth. Let me first of all express sincere thanks to Prime Minister Brown for his land invitation and thoughtful arrangements.

（3）商务论坛开幕式或礼仪致辞中常表达祝愿之情

现在，让我们在距第29届奥运会这一盛会正式开幕130天之际，共同庆祝奥林匹克圣火来到北京。

Now, let is all celebrate together the arrival of the Olympic flame in Beijing before the real party in 130 days—the opening of the Games of the XXIX Olympics in Beijing.

最后，我祝香港繁荣安定、生机处处；祝各位事事如意、阖家幸福。多谢大家。

Last but not least, may I wish Hong Kong prosperity, stability and success, and all of you a happy and fruitful year. Thank you.

我预祝本届APEC CEO峰会取得圆满成功！

I wish the APEC CEO Summit a complete success.

二、译后总结

（一）技能总述

从前面的章节所阐述的内容可以看出：口译工作在时间上具有即时性，在工作内容上具有随意性，口译员在工作环境上具有孤立性。因此这项工作就要求译员不但要在接受任务前做好详尽细致的准备工作，而且还要加强译后的自我总结工作，依靠译后的总结来修正自己在口译过程中无法弥补的不足甚至过错，以便自己在下次执行口译任务时不再犯同样的错误，不断地修正提高自己、完善自己。把自己锻炼和培养成一名在译场上游刃有余、从容自如、精准无误的语言沟通的架桥者。口译人员在译后可以从语言因素与非语言因素两方面总结自己的现场表现。

1. 非语言因素

（1）音量、音调的掌握情况

译员译后应回顾自己是否在译场运用了合适的音量、音调，让听众感受到诚恳和热情。

（2）语速的控制情况

译员的语速要适中，既不能太快，也不能太慢。一些重要的信息和内容可以适当地放慢语速

（3）着装是否得体

译员可以通过现场的气氛来总结着装方面的经验，译员在执行任务前要明确此活动的性质，从而决定是着正装还是休闲服装。

（4）姿态和手势是否合适

译员回顾自己在临场时的姿态、手势是否得体。手势不宜使用过多，否则给人以喧宾夺主的感觉。

2. 语言因素

译员在译后要仔细分析自己的译场表现，善于做译后总结首先要分析整场的译语是否达到"全面、准确、通顺"的标准。然后再针对每句译语进行斟酌，推敲，考虑是否存在一些问题。如：专业知识的欠缺导致对源语理解有误；用

词不准确，不够地道；所表达的逻辑不够清晰、连贯；译前准备不充分影响了译员在译场的发挥等等。译员需要了解自己的不足，加强学习，不断扩大知识面，积累经验，提高口译能力。

翻译是不同文化的互译，是跨文化交际。语言是文化的基础。交际双方具有不同的政治、经济、历史、文化背景。这要求译员不仅要精通两种语言，还要通晓其文化差异。但口译的即时性和独立性可能会使译员在口译现场出现译语不准确甚至错误的情况。因此译员在译后总结工作中应对误译进行分析，查找资料，培养跨文化交际意识与应用能力，避免跨文化交际的障碍。

口译员的工作不是机械的词句的翻译，而是有创造性的语言活动。汉英两种语言结构的差异性及口译工作的现场性与即时性决定了口译员必须熟练掌握口译技能策略，并灵活运用所以译员在做译后总结时，要回顾自己的现场表现，分析口译技能策略运用是否得当。

另外，译员在译后要向主办单位了解自己的工作质量，取得反馈意见。这样可以清楚自己现场工作有哪些不足之处，并有针对性地改正错误，避免下次任务的执行过程中再出现类似的问题，以达到提高自己、完善自己的目的。

总之，译员通过译后总结仔细地排查自己在临场中的种种不足，加以改正和完善，处理得好的地方加以发扬提炼。那么就可以不断地提高自己的口译水平，在本行业中成为佼佼者！

（二）技巧解析

英汉两种语言结构具有很大的差异。作为译员，要熟知这些差异，并掌握英汉互译的策略。所以译员在做译后总结时，要回顾自己的口译技能策略运用是否得当。常用的口译策略有增补、省略、转换、拆句、合句和定语从句的口译技巧等。

1. 转换技能主要包括词类转换与语态转换

口译员在翻译过程中不必拘泥于源语的词汇类别。为了使译语的表达更通顺，更地道，可以作适当的词类转换。例如：

①This day is all about you. It's about providing inspiration, motivation, connection and opportunity and it's about recognizing your achievements.

这是属于你们的一天，是一个关于鼓舞、激励、连结和机会的一天，是对你们取得成就的认可。（recognizing 转换成名词，achievements 转换成动词）

②The Beijing Declaration was a landmark on the road to women's empowerment.

《北京宣言》是赋予妇女权利进程中的一个里程碑。（empowerment 转换成动词）

③...helped us rapidly hack on a positive track.

......帮助我们迅速回到积极的轨道上。

英语句子多被动语态，而汉语则较少使用被动句。因此，口译中，英语中的被动句多转换成主动句。这样更符合汉语的表达习惯。必要的话，也可以把一些英文的被动句译成中文的被动句。例如：

①We know what needs to be done.

我们知道需要做些什么。

②The success of the U.S.-China relationship will ultimately be measured by the results we deliver to our people.

美中关系的成功最终将以我们为我们人民提供的实惠来衡量。

③ And we agreed to support the strong programs of policy reforms and financial support now being undertaken by the nations of Europe.

此外，我们同意支持欧洲国家正在实施的强有力的政策改革和财政支持方案。

④ 1 have been asked to talk about China's role in the world economy today. 今天我演讲的主题是中国在世界经济中的作用。

2. 增补与省略

增补技巧多用于汉译英中。英语讲究句子结构严整，通常使用连词、关联词使句子连贯，具有逻辑性。而汉语句子结构较为松散，讲究意合，因此在汉译英中，要根据语义恰当地增加名词，连词，代词等。而在英译汉中，多用省略技巧。例如：

① As scientists explore the oceans at greater depths than ever before, they continue to discover new forms of marine life.

科学家正在对海洋进行前所未有的深入探索，他们不断发现新形式的海洋生物。

② 火炬所到之处，镜头所聚之焦，向世人展现一幅幅独具东方特色传统文化的美丽画卷。

Wherever the torch went, the TV cameras focused on was like unfolding one by one our beautiful picture rolls of unique traditional eastern culture.

③ 中国的发展同亚洲及世界的发展紧密相关。

China and the rest of Asia and the world at large are closely related when it comes to development.

3. 拆句与合句

英汉两种语言结构不同，英汉互译中有时要对源语句子进行必要的拆分或整合，以符合译语的表达需要。

① Later this week, I will work with my colleagues at the G20 to phrase out fossil fuel subsidies so that we can better address our climate challenge.

本周晚些时候，我将同 G20 其他领导人共同努力，分阶段取消矿物燃料补贴，以使我们能够更好地应对气候挑战。（不定式结构前拆分；连接词 so that 处拆分）

② Earlier this year, our relationship faced uncertainty, and many questioned the direction we were heading.

今年早些时候，我们的关系面临着不确定性。许多人质疑我们推进的方向。（连词 and 处拆分）

③ 我们代表团的广度和深度继续得到拓展，体现了我们需要共同解决的议题。The breadth and depth of our delegation continues to grow because it reflects the agenda that we are working on together. （用连词 because 合句）

4.定语从句的口译技巧

在英汉两种语言中，定语从句在句中的位置不同。翻译时，要符合汉语的表达习惯。

① For these are the nations that are already living with the unfolding effects of a warming planet—famine, drought, disappearing coastal villages, and the conflicts that arise from scare resources.

因为这些国家已经承受了全球变暖造成的持续影响，如饥荒和旱灾、海岸村庄的消失以及因为资源稀缺导致的冲突。（复合句转换成简单句）

② We will achieve our common purpose: a world that is safer, cleaner, and healthier than the one we found; and a future that is worthy of our children.

我们将能实现我们共同的目标：一个比我们看到的更安全、更清洁和更健康的世界；一个无愧于我们子孙后代的未来。（定语从句前置）

③ Most importantly, the House of Representatives passed an energy and climate bill in June that would finally make clean energy the profitable kind of energy for American business.

最重要的是，国会众议院于 6 月通过了一项能源和气候法案，终于有可能使清洁能源成为美国企业可使用的有益能源。（定语从句译为结果状语）

④ We can not allow the old divisions that have characterized the climate debate for so many years to block our progress.

我们也不能听任过去多年来在气候变化问题上反复出现的意见分歧阻挠我们取得进展。（定语从句前置，译成简单句）

第三章 口译技术

第一节　搜索技术

一、互联网搜索

口译专题知识搜索中少不了互联网搜索，互联网搜索在国内到访率最高当属百度或谷歌。除此之外，还有在线词典、在线语料库、机器翻译、数据库、术语库等。

（一）主流搜索引擎简介

搜索引擎通过网页文字匹配，可以帮助用户从信息海洋中准确、迅速地找到并获取自己所需的信息，现主要介绍百度、谷歌、必应和搜狗四种主流搜索引擎。

1. 百度

百度为中文用户量身定制，除了可以搜索网页、新闻、图片和视频之外，还提供百科、知道、贴吧等特色板块。

在百度的搜索界面，输入检索关键词后，点击"百度一下"或按回车键，百度默认将反馈网页检索结果。点击新闻、贴吧、知道、音乐、图片、视频、地图等，将反馈相应的检索结果。网页搜索内嵌英汉互译词典。如果想查询英文单词或词组的解释，可在搜索栏输入"待翻译的词或词组"＋"需翻译的目的语名称"，百度翻译即可给出解释。百度翻译的英汉互译功能除了可以在网页搜索中进行以外，还可在百度词典中进行。

2. 谷歌

谷歌搜索引擎信息量大、支持语种多、功能强大，能提供丰富的高级搜索功能，突出优势还表现在学术搜索和图书搜索。在中文资源查全率方面，百度提供的结果较谷歌更为灵活、丰富。在文档搜索方面，谷歌提供了更多开源、免费的文档；而百度则利用自家文档产品整合了许多资料，用户很方便就能获取相似类型的文档产品。

3. 必应

必应是微软公司推出的搜索引擎，分国内版和国际版。为符合中国用户使用习惯，Bing中文品牌命名为"必应"。必应提供海量优质的图片搜索、丰富专业的学术资源、精准快捷的词典翻译功能，其部分功能可以替代谷歌。必应的特色是将词典功能放到了搜索的菜单栏，为译员提供便利的同时也提升了检索效率。必应词典也提供丰富、质量较高的双语例句，必要时还提供机器翻译的结果。

4. 搜狗

搜狗搜索引擎是搜狐公司打造的第三代互动式搜索引擎。在抓取速度上，搜狗通过智能分析技术，对不同网站、网页采取了差异化的抓取策略，充分地利用带宽资源来抓取高时效性信息，确保互联网上的最新资讯能够在第一时间被用户检索到。搜狗网页搜索提供"按时间排序"功能，采用业界广泛认可的首个中文网页评级体系——搜狗网页评级体系（Sogou Rank），能够帮助用户在更短时间内进行精准搜索。

通常来说，检索结果不仅和检索的关键词有关，还受搜索引擎自身搜索能力的影响。即使是同一个关键词检索，不同搜索引擎的反馈结果也有差异。另外，由于网上信息不断更新变动，没有任何一家搜索引擎可以覆盖所有网络内容。据统计，谷歌覆盖了英文网页数据量的 60% ~ 70%，但对于中文网页的覆盖率，百度和谷歌一般只能达到 30% ~ 40%。因此，在遇到口译疑难时，口译员可以尝试使用不同的搜索引擎，挖掘不同的网络语料。

（二）专业词典搜索

口译活动中词典是必备利器。专业领域的纸质词典能提供垂直领域的词汇查询，但也存在查询速度慢、词条更新不及时和携带不便等缺陷。在线词典是纸质词典的信息化产品，其成本低、检索快、更新及时。当在线词典检索不到对应译文时，多数在线词典会提供机器翻译的结果供译员参考。通用的在线词典有牛津词典、朗文词典、柯林斯词典、海词、汉典、金山词霸、灵格斯、韦氏大学词典、有道词典等。此外还有一些垂直领域的词典，面向专业知识领域，如一本词典，生物医药大辞典等。

1. 一本词典

一本词典（http：//www.onedict.com）提供英汉汉英专业术语查询，并提供来自科技文献、专利信息和学术论文的大量例句，涵盖工业科学、交通运输、航空航天、天文地理、环境农业、自然生物、医药卫生、经管社科、电子技术、信息科学等方面，对于词义理解和准确用词很有裨益。在一本词典搜索栏输入待查询验证的术语，不仅可以查到该术语的多种英文表述，还可以将相关英文表述的上下文及其语料来源罗列出来，高级搜索板块中可以输入相关术语所在的上下文出现的其他关键词进行检索，供口译人员进行精细筛选验证。

2. 生物医药大词典

生物医学垂直领域词典如生物医学大词典（http：//dict.bioon.com/）是一款无须安装的开源客户端查询生物和医药学专业词语的软件，其为数120万的词汇库中有60万专业词汇，部分常用词汇提供音标显示，对口译有发音提示作用；超过数万单词有详细解释。为口译提供快捷的词典和翻译查询；该词典还提供相关诗词、百科和论坛链接等，对生物医药类口译的译中查询大有帮助。生物医学大词典搜索界面中输入关键词后，可以出现双语对译词条及热度参考值。同时，该词典提供句库搜索、成语相关链接，助力生物医药类口译待查询词条的透彻理解。

3. 全医药学大词典

全医药学大词典（http：//dic.medlive.cn）是医脉通旗下一款专业医学翻译软件，诞生于1996年，是一款鼠标即指即译软件。目前，《新编全医药学大词典》分为PC、iPhone、iPad、Android版。PC版本包括收费版本和免费版本，词汇涉及内科学、外科学、妇产科学、儿科学、耳鼻咽喉科学、神经病学、精神病学、眼科学、口腔学、骨科学、整形科学、康复医学等临床学科及生物化学、分子生物、药学、病原微生物学等基础学科，还提供屏幕取词、例句查询、全文翻译和自助学习的功能。免费版词典需注册使用。

4.RhymeZone

在口译工作中遇到领导人讲话中出现古诗或者押韵的俗语是很常见的现象，如果要使译文保持韵律美，RhymeZone（http：//www.rhymezone.com）这个在线的韵律词典（包括脚韵和腹韵）可以起到即时辅助作用。它不仅能查到同韵的单词、近义词、谐音双关词，还能查到使用该词的韵律诗。在检索框输入light，就可以获得大量的同韵词，2 syllables一栏所列单词，表示有两个音节发音相同或相近；3 syllables一栏所列单词，表示有三个音节发音相同或相近；依次类推。点击"lyrics and poems"就可以看到使用该词作韵的诗歌和流行歌曲歌词，不仅提供出处还可选择按照韵词和出处的种类（如流行歌曲或诗歌等）进行分类显示。

二、专业数据库搜索

（一）法律数据库

1.北大法宝

北大法宝诞生于1985年北京大学法律系（现更名为法学院），是北大英华公司和北大法制信息中心共同研制开发的在线法律检索查询软件。"北大法宝"——《中国法律检索系统》的英文译本检索系统为用户提供中国法律法规、案例、中外税收协定，以及法律新闻等中国法律信息的英文译本。所有英文译本均与中文法律文本相对照，可同时同步进行中英文双版本浏览。

北大法宝提供的中国法律法规及英文译本包括法律法规、案例、中外税收协定、公报、法律新闻、法学期刊等，内容涉及行政、民事、刑事、经济、知识产权和海事等多个领域，方便用户浏览和下载案例英文版。例如，口译实践中遇到"正当防卫"的英译时。可在网页搜索栏输入"正当防卫"词条，北大法宝可以提供词条相关的具体案例中英文对照。

2.律商网

律商联讯集团（LexisNexis）推出其在中国的旗舰产品——Lexis China律商网（http：//www.lexiscn.com），面向来自政府、中外企业、国内外律所及各大高校的专业法律客户，提供具备实务性和时效性的双语法律数据。律商网所提供的数据来自实时有效的法律条文，在术语和语料质量上有一定的保障。例如，在口译中需要了解跟"arbitration"相关的信息，搜索"arbitration"时，律商网搜索结果中呈现最近几年跟搜索字符串相关的具体案例，词条的使用频率也在界面得到展示。

（二）医学数据库

1. 生物医学文献数据库（PubMed）

PubMed 数据库收录 MEDLINE，PRE-MEDLINE，还有其他如 Science9 Nature 等电子期刊。自 1996 年至今，该数据库收录约 1000 万篇生物医学文献，可供检索的内容为分子生物学及 NCBI 部分的数据库题录。它收录了美国和另外 70 个国家出版的生物医学期刊约 3900 种。PubMed 网上更新速度是每周 1 次，可以为用户提供文献检索、图片检索、影响因子查询、免费全文下载、国家自然科学基金统计分析等服务。学科范围涉及基础医学、临床医学、预防学等生物医学的各个领域。PubMed 注重数据的规范化处理和知识管理，全部题录均根据美立医学图书馆最新版《医学主题词表》、中国中医研究院中医药信息研究所《中国中医药学主题词表》等进行主题标引和分类标引。

此外，PubMed 检索入口多，检索方式灵活，具有主题、分类、期刊、作者等多种词表辅助查询功能，可满足简单检索和复杂检索的需求，其中英文术语搜索功能对口译工作者的生物医学术语查询提供了快速、准确的检索渠道。同时，也可以进行查全率和查准率搜索。例如，在农业类口译中，需要搜索"水稻育种"的英文释义及相关信息，搜索结果可以提供不同出处的中英对照文本。

2. 美国国立医学图书馆（Medline）

Medline 是美国国立医学图书馆（The National Library of Medicine）主办的国际性综合生物医学信息书目数据库（https：//www.ncbi.nlm.nih.gov），是当前国际上最权威的生物医学和生命科学领域的文献数据库，涉及基础医学、临床医学、环境医学、营养卫生、职业病学、卫生管理、医疗保健、微生物、药学、社会医学等领域。Medline 收录 1966 年以来世界 70 多个国家和地区出版的 3400 余种生物医学期刊的文献，部分数据可回溯到 1949 年。目前，其每年递增 30 ～ 35 万条记录，以题录和文摘形式呈现，其中 75% 是英文文献，而全部文献的70%～80%有英文文摘。Medline可通过主题词、副主题词、关键词、篇名、作者、刊文、ISSN、文献出版、出版年、出版国等进行检索。Medline对生物医学和生命科学庞大文献的收录可以为口译工作者在译前准备和译后总结中梳理口译背景知识，帮助口译员通透理解专业词汇意义和验证口译表达的准确性。

三、语料库搜索

国内口译员在中译外的过程中，由于不是母语使用者，在语言表达的准确性和搭配等方面往往存在不确定性。在翻译中，有的搭配形式从语法角度分析是可行的，但实际上可能不地道。通过查询目标语单语语料库，可以帮助口译员选择合适的词汇或表达，使词汇搭配顺畅自然，达到地道译文标准。单语语料库可以用来帮助使用者在同义词之间做出选择，识别用法信息，决定哪一种风格更加适合翻译，在提高级翻译官译语言准确性和翻译效率方面发挥积极作用。在双语和多语语料库中，口译员可以利用检索功能，获得包含关键词的双语对照语料，不仅有助于准确理解原文，还能获得丰富多样的译文表达，甚至能查到完整句子的译法，这种搜索方法虽然无法在译中使用，但无疑是口译译前准备和译后总结的有力助手。

（一）单语语料库

1.COCA

译员常用的单语语料库有美国当代英语语料库COCA（https：//www.english-corpora.org）和英国国家语料库BNC等。COCA是当今世界上最大的免费开放型英语通用语料库，于1990年创建，涵盖口语、小说、杂志、报纸和学术期刊五大领域，目前规模为5.2亿单词，并且每年新增2000万词汇，是同类BNC语料库的5.2倍。COCA界面包括查询条件界定区、查询结果数据显示区、例句显示区。COCA功能区包括：LIST——功能显示；CHART——图表显示，可以显示在各语料库类型中的使用频率和各时间段内的使用情况；Concordances——上下文关键词显示：COMPARE 一单词比较显示，比较两个不同词或短语的搭配情况。COCA的五大类型语料库包括42个字库，可以通过输入单词、词组、单词的所有形式（如单复数和时态等）、单词＋通配符等方式进行搜索。例如，输入"excuse[n*]"，可以搜索到所有"excuse"后加名词的短语。

在口译中，可以利用COCA进行某个术语的英译验证。例如，"摄像机取景孔"，谷歌搜索翻译为"camera view hole"，而必应辞典的翻译为"camera eye"，口译员在翻译时很难辨别哪一个是准确译法，也许两个都是正确译法。在COCA语料库官网，分别输入这两个译法，"camera eye"有28条使用记录，而"camera view hole"无使用记录。可见，利用COCA语料库可以验证关键词的常用译法。

COCA还可以用来查询单词在不同文体中的使用频率和词汇前后搭配，点击其CONTEXT显示区的例句可以展示该词的使用环境，是口译员强大的搜索利器。

2.Sketch Engine

Sketch Engine（https：//www.sketchengine.eu）作为一种在线语料库索引工具，用来描述总结词汇的语法知识，包括关键词与词语搭配的使用频率、显著性、相关例句，以及语法关系、同义词辨析等功能。Sketch Engine收录的语料库包含大约60种语言，如阿拉伯语、荷兰语等语种，也区分美国英语和英国英语、美洲葡萄牙语、西班牙语等。对于口译人员来说，Sketch Engine的平行语料库和同义词辨析在口译检索中非常有帮助。例如，在口译工作中，在对"expert"和"specialist"这两个名词表示"专家"举棋不定时，可以借用Sketch Enging中的Word Sketch Difference来进行比对，Sketch Enging的同义辨析根据搭配语境能直观地比较同义词，从而在搭配习惯中找到最佳翻译匹配。经过对比可以发现，"expert"常常与表示法律、学术、经济、建筑和历史的词汇搭配出现，而"specialist"与表示医疗、专项技术和人事的词汇一起出现。

（二）双语语料库

1.Tmxmall语料快搜

Tmxmall语料快搜（hnps：//www.tmxmall.com）支持中英双向检索，语料超过7300万句对，且持续增长；语料均经过人工审核；语料涵盖面较广，覆盖经济、医药、能源与动力工程、机械、法律、计算机等行业和领域。Tmxmall

语料快搜可以提供所收录的所有语料参考表达和链接，如在"能源与动力工程"领域输入"碾压机"一词，即可出现语料库中多条包含碾压机的双语表达和相关链接，同时会显示语料更新的时间、分类及具体来源。点击"tmx 文件"，便可进入具体语料源进行更大幅度查找；点击右侧的编辑符号，还可以在线编辑句对。

2. 中国译典

中国译典（http：//www.tdict.com）是一款专为翻译员及英语学习者量身定做的开源翻译语料库，可以提供专名译典、专业词典、句库和文库的查询。专名译典收录的单位名称均是确定的官方译名，具有较高借鉴价值。句库和文库提供的语料可以提高口译的译前搜索效率。目前，中国译典的垂直专业术语涉及法学专业、医化专业、机械模具、IT 术语、经济金融等。以法律口译为例，如需查询"刑讯逼供"一词，可选择法学专业的翻译句库，在搜索菜单输入"刑讯逼供"一词，查询结果将提供收录的有关"刑讯逼供"的英文句库及其属类。

（三）垂直领域双语语料库

1. 专利类科技产品术语库（WIPO Pearl）

专利类科技产品术语库（WIPO Pearl, https：//wipopearl.wipo.int/en/linguistic）是世界知识产权组织推出的免费查阅大量多语言科技术语的术语库，收录来源主要为专利文件。其基于网络的界面，促进在不同语言中准确、一致地使用术语，并使检索和共享科技知识变得更为容易。WIPO 术语库中包含十种语言的十万多条词汇，并且定期增添数据。

WIPO Pearl 提供强大的检索功能，其中包括选择源语言和目标语言，或按主题字段检索和用缩略语检索的功能，以及模糊检索、精确检索和布尔检索功能。例如，口译员在搜索"喷墨打印机"一词时，可以在专业领域选择"PRNT"，搜索结果包括 reliability 可信度、来源专利文件、概念图与相关图片链接。用户在经由概念图浏览时，可以获得一个可扩展的检索结果快速列表。"概念图"显示按语言和主题字段列示的相关概念之间的关联，如显示比其他概念范围更宽或更窄的概念。

2.UTH 生命科学英汉平行语料库

UTH 生命科学英汉平行语料库（http：//medcorpus.utranshub.com）是由上海佑译信息科技有限公司（uTrans Hub Technologies Co.，Ltd.，简称 UTH 国际）开发的深度垂直语料供应平台。语料库累积语料数据已达近 100 亿句对，涉及 60 大数据中心另有教育、法律、金融、制造业、生命科学等垂直领域的平行语料库对外开放。在医学类口译中，输入待搜索术语"白癜风"，搜索结果以"术语""记忆库"和"我的文库"三个子栏目呈现，记忆库中提供大量与关键词相关的双语例句，口译者可以进行深度阅读比对，从而决定该词条的取舍。搜索时还可以选择相应领域和二级领域，将搜索范围进一步缩小，达到精准搜索的目的。

四、翻译记忆库搜索

口译项目完成后，口译人员可以将所翻译过的项目进行梳理，将所翻译过的术语和语料进行筛选、查证和储存，以备术语记忆和循环利用之需。传统的口译数据库可以采用手写或者 Word 记录的方式。自从 CAT 翻译软件广泛使用以来，CAT 工具中的术语库和语料库为口译人员提供了方便、快捷的术语储存空间。如果口译员需要再次使用时，即可通过翻译记忆库进行搜索，将术语和语料激活。这里将介绍 Trados 和 memoQ 的翻译记忆库搜索及 Xbench 搜索。

（一）Trados 翻译记忆库搜索

在搜索 Trados 记忆库时，打开翻译记忆库视图，使要搜索的翻译记忆库成为活动翻译记忆库。在搜索菜单下进行搜索设置，如最低匹配率，完全匹配或者最佳匹配，也可以对记忆库进行编辑时间和查询内容的设定。搜索内容可以是翻译记忆库中原文句段和译文句段中的文本，符合搜索标准的翻译单元将显示在 TM 并排编辑器窗口中。

搜索前可以在筛选条件菜单下选择要执行的搜索类型，指定搜索选项，如果希望搜索区分大小写，需选择区分大小写选项；如果要在搜索中使用通配符，需选择使用通配符选项，然后点击执行搜索。TM 并排编辑器窗口精选搜索结果后，可以为口译人员提供最垂直的翻译单元参考。

（二）memoQ 翻译记忆库搜索

与 Trados 有所不同，memoQ 多了一项 LiveDocs 翻译记忆库功能。与添加翻译记忆库原理一样，LiveDocs 也是通过创建文档语料库添加一些文档为翻译提供参照。但 LiveDocs 除了可以添加对齐的文档对之外，还可以添加单语文档、不对齐的双语文档等。在单语文本文档搜索中，我们将与译文内容相似的单语文本添加到 LiveDocs 中，在语词检索中借助单语文档的内容，可以处理口译的表达方式，使口译表达更地道。

相较于翻译记忆库而言，不对齐的双文档文件指的是还没进行对齐转换的双语句对。为了不让没有对齐的双语文档破坏精心制作的翻译记忆库，可以将不对齐的记忆库单独存放，口译前也可以在不对齐的双语文档中搜索相关内容，对现场口译起到参考作用。搜索方法为：进入一个项目后，先点击左侧"语料库（Live.Docs）"，再点击左上方"新建 / 使用新的"，创建一个语料库，输入语料库名称，点击确定：然后选择"导入文档"，添加待导入的文档；在翻译区，选择"语词搜索"（Ctrl ＋ K），输入要查询的句子，即可进行语料库查询。

memoQ 术语库查询非常快捷，向术语库中添加新术语也非常简单。一个大型的更新数据库可以节省大量的研究和输入时间。memoQ 还提供外部参考网页搜索，只需点击一个按钮，使搜索和研究变得更容易。

（三）Xbench 搜索

Xbench 是一款强大的翻译辅助工具，其功能包括拼写检查、检查漏译、检查译文不统一、利用术语库统一术语、支持自定义检查列表、支持批量等。同时，它还可以实现本地高级搜索和翻译记忆库读取和查询。

1.Xbench 搜索本地文件

Xbench 高级搜索可以使用正则表达式或 Word 通配符帮我们实现一些简单搜索难以实现的功能，例如：①包含两个或更多字符串，但相互不包含；②不包含给定的字符串；③包含一个字符串或另一个字符串，或以上条件的任意组合。

2.Xbench 搜索翻译记忆库

利用 Xbench 进行 CAT 翻译记忆库、术语库搜索，不仅可按原文和（或）译文搜索，而且可采用简单、正则表达式和 Word 通配符三种搜索模式及标准和强力两种搜索方式。Xbench 可以搜索 29 种格式的术语、翻译记忆库和双语文件，支持多种双语对照文件，可以按源语言术语或者目标语言术语搜索，或者按源语言和目标语言一起搜索，或使用"POWERSEARCH"后台搜索方式进行搜索。

五、本地搜索

口译的译后整理需将口译专题和相关资料进行分类，存入个人电脑以备循环使用。在电脑中快速搜索到这些语料也是口译人员需要掌握的搜索技能之一。这里主要介绍 MAC 系统内置搜索、Windows 系统内置搜索、Everything、FileLocator Pro、Quick Search、PDF-XChange Viewer 搜索。

（一）MAC 系统内置搜索

个人电脑中储存的文件越来越多，当 Dock 栏和桌面都不足以承载时，全局搜索和快速启动器便成了搜索利器。MAC 中自带的"聚焦搜索"（Spotlight）可以提供快速的全局搜索。打开 Spotlight，或者按下 Command ＋空格键，输入所需要文件的关键词。在输入第一个字母时候，就会出现最适合的匹配文档，如果继续输入，就会出现更精确的搜索范围，从而实现瞬间进入某个文件的目的。

Spotlight 可以自动搜索元数据，如数码照片拍摄像机的型号、日期等。如果 MAC 中保存的照片部分由佳能相机拍摄，搜索其中一张照片时，只要在 Spotlight 的关键词中输入 Canon，就能找到这张照片。

Spotlight 有很灵敏的追踪系统，点击"最常点选"会排列出曾经浏览最多的文件。搜索中的分类显示又能帮助寻找不同类型的文件。

（二）Windows 系统内置搜索

随着 Windows 的升级，结构化文本搜索已经简化。在 Win 10 版本中，资源管理器左边会列出多个搜索管理菜单选项，如日期、文件类型、输入文件名搜索等。现在的结构化文本搜索简单到只有左上角一个框，直接在搜索框内输入要搜索的文件名即可。

除了基础检索，Windows 高级搜索可以将搜索范围进一步界定。Windows 还可以实现全文检索，如搜索内容"bhtif"，即可将含有"bhtif"的内容搜索出来。

当需要搜索索引无法识别的不常用文件类型时，还可以在高级索引选项中添加，以便可以按该文件类型在系统中搜索。Windows 搜索时可以手动加入新的文件类型，以便按该文件类型在系统中搜索。Windows 也可以使用通配符搜索，如输入星号"（*）"：可以代表文件中的任意字符串，而 NOT 表示搜索内容中不，能包含指定关键词。此外，还可以利用预览功能预先查看其内容，节省打开文件的时间。

（三）Everything

桌面搜索工具是一种在用户本地计算机硬盘中执行搜索的工具。由于个人电脑储存的资料和文献不少，即使对文件夹进行分类和整理，查找文件仍然费时费力。此外，Windows 系统虽然自带文件名检索功能，但是检索速度十分缓慢。Everything 是"voidtools"开发的一款文件搜索工具，官网描述为：基于名称实时定位文件和目录（Locate files and folders by name instantly），它可以对硬盘文件名进行快速搜索，节省译员查找文件的时间，提高工作效率。

Everything 界面简洁易用，能快速建立索引，快速搜索，同时占用极低的系统资源，实时跟踪文件变化，并且还可以通过 http 或 ftp 形式分享搜索。在搜索框输入文字，它就会显示过滤后的文件和目录。

（四）FileLocator Pro

虽然 Everything 使用便捷、搜索速度快，但不支持全文检索。如果译员只记得某个文件中有自己需要的内容，但忘了文件名称时，可以借助全文检索工具，如百度硬盘搜索，谷歌桌面，FileLocator Pro，Search and Replace 等。以 FileLocator Pro 为例，它既可以对指定关键词、指定文件夹进行全文检索，也可以限定文件大小和文件日期，对硬盘进行全文搜索，同时还支持正则表达式，极大地提升了搜索效率和准确度。例如，口译员需要在自己电脑中搜索自己累积的术语，就可以利用 FileLocator Pro 进行桌面搜索，这有利于帮助口译员从繁杂的海量文件中进行精准快速搜索。此外，FileLocator Pro 还支持对 ZIP 压缩包、DOC 文档格式和 PDF 电子文档格式的文件进行搜索，支持脚本技术，搜索结果可以直接导出为 TXT、CSV、XML 文档格式。FileLocator Pro 支持更多格式与压缩包，搜索速度更快，无索引不占硬盘空间、支持多种搜索规则及日期、属性等细节设定。

（五）Quick Search

Quick Search 中文版是一款本地硬盘文件搜索工具，通过输入关键词查找特定文件，支持根据文件类型进行分类速度远远超过系统本身自带搜索功能。

Quick Search 基于关键词（文件名）快速定位文件和文件夹。输入关键词后，Quick Search 即时显示所有的匹配结果，实现即输即搜，并可分类检索，分别查找快捷方式、文件夹、文档、图片、视频、音乐等文件类型。Quick Search 支持 NTFS 和 FAT32 文件系统，能监控文件系统变化，并体现在搜索结果中。其界面有迷你模式和完整模式，迷你模式下，有搜索结果时自动弹出列表，无结果时隐藏列表。同时，Quick Search 默认搜索所有文件类型，也可以设置为搜索特定类型文件。另外，Quick Search 的识图搜索支持百度网页识图搜索，只要指定的应用支持图片搜索功能，都可以调用进行识图搜索。

（六）PDF-XChange Viewer

在口译工作中，接触到的资料很多时候是 PDF 文件，那么怎样从 PDF 文件中找出自己想要搜索的术语或者语料呢？ PDF-XChange Viewer 是一款多功能的 PDF 阅读器，它的标注、多页签显示、批量搜索、放大与导航功能都可以让口译人员从庞大的 PDF 文件中迅速搜索出想要的信息。

将 PDF 文件用 PDF-XChange Viewer 打开后，可以在全局搜索中输入想要查询的字段，也可以提前设置搜索要求，点击立即搜索后，PDF 文件中便将搜索结果高亮显示。

口译员一旦掌握了在线搜索利器，就能利用丰富的互联网资源开展口译工作。而便捷、快速的本地和桌面搜索软件又能辅助口译员将口译工作中积累的语言资料进行妥善存储和激活。搜索能力的提高对口译员口译质量和效率提升大有帮助。

六、口译实践中的综合搜索

网络资源十分丰富，搜索引擎也十分强大。口译员遇到翻译障碍时，应勤于搜索，并综合利用各种搜索资源找到答案。上述搜索资源无论是网络资源还是本地资源都为口译工作者提供了丰富、强大的技术支持。口译员应善于利用各种搜索资源快速寻找最佳译文。

（一）背景知识

在口译实战过程中，背景知识的掌握和口译技巧同样重要。口译员一般具有扎实的语言基础，然而在实际口译工作中，因为背景知识欠缺导致翻译不准确的情况比比皆是。

（二）新词

在经济全球化和信息化的大背景下，新事物、新观念层出不穷，语言也随之不断变化，涌现大量新词新语。这些新词对口译的影响突出表现在中译英口译中。随着中国经济建设的高速发展，汉语新词不断涌现且为人熟识、广泛使用。所以，对新词进行准确的口译是口译员进行信息传递、交流任务的关键。这就需要对新词意义和出现的语境进行综合搜索，以求找到合适的译文，增强语言交流双方的理解。

（三）搭配

在口译过程中，有时候会碰到一些模棱两可的表达，或者口译员会担心自己的翻译是否地道，不确定某个词是否适合放在当下的口译语境中，有时还面临某个词、某个句式是否可以搭配使用的问题。这时，就可以使用在线语料库进行查询验证。例如，"在角落里"是 in the comer of 还是 at the comer of？"普通人"译为 the common people 是否为中式表达？这些细琐的知识点都可以在语料库中找到答案。

第二节　术语管理技术

在信息时代，翻译活动越来越离不开技术的支持。在口译活动中，术语的准确翻译是关键，若要对口译活动中的术语进行有效管理和使用，口译员可以通过学习术语管理技术达到事半功倍的效果。本书将主要探讨术语管理技术在口译方面的应用，向读者介绍术语管理的相关基础知识、口译术语工具在实践中的应用及口译术语库的创建、使用和维护等，以帮助读者更好地掌握术语管理技术。

一、术语管理基础

术语是翻译过程中最大的挑战之一。无论是笔译还是口译，都强调术语的准确和统一，尤其在口译活动中，若术语翻译出现偏差，整场口译活动有可能面临失败的危险。由此可见，准确、快速地提取术语，保证术语的统一，是一场口译活动顺利完成的关键之一。而如何进行有效的术语管理是翻译人员考虑的重要问题。要进行有效的术语管理，口译员必须清楚术语管理的基本概念、主要内容、基本原则及意义与现状。同时，口译员还需特别注意与口译术语管理相关的概念，理解口译过程与术语管理之间的关系，从而更深刻地认识术语管理的基础内容。

（一）口译术语管理的基本概念

要了解术语管理的基本概念，首先要清楚术语为何。术语被描述为一种语言词汇中的特殊成员，是词汇的子集合。由此可见，术语是词汇的一种，是在某个专业领域中具有专门意义的词。术语管理是对术语资源进行加工处理的一系列活动，包括术语的收集、筛选、描述、使用、更新、维护、翻译等诸多方面，其不仅需要科学的管理流程，更需要熟练掌握多种术语技术和工具的专家。简言之，术语管理是有目的地对术语信息和术语资源深思熟虑的加工，主要包括系统化地收集、描述、处理、记录、存贮、呈现及查询特定专业领域中专业词汇的活动。具体到口译层面，口译术语管理则是指为了满足特定的口译活动需求而对术语资源进行管理的实践活动，是口译人员职业翻译行为的主要表现。口译术语管理是在口译活动中，为了口译工作的需要，对特定术语信息和资源进行整理和使用等活动的统称。

（二）口译术语管理的流程

翻译行业的术语管理流程复杂多样，涉及多项内容。简单而言，包括术语的收集、整理、描述、处理、储存、使用、翻译、维护及更新等。口译作为翻译的一种实践活动，也涉及这些术语管理过程。

首先，进行术语的收集与提取。传统的术语提取方法有：客户直接提供术语表、译员通过互联网资源等各渠道查询自建术语表、译员根据原文件整理术语。在口译活动中，口译员一般根据手头上的材料，自己查询、整理相关术语。其次，进行术语的管理与描述。收集提取完术语之后，要对术语统一进行整理，转换成适当格式，以便导入术语库中进行使用，然后对有效术语进行相关描述，让使用者可以有效理解术语。术语的翻译和使用是术语管理过程中最关键的一步。在翻译过程中，口译员可按需调用术语库中的术语，提高级翻译官译质量和效率。最后，要对术语进行更新与维护。一般而言，口译员每完成一个翻译项目，都会积累术语库之外的新术语，因此，需要时常更新术语库，补充新的术语，去除重复术语，淘汰不合时宜的术语，确保术语库中的术语准确、无误、有效。

（三）口译术语管理的原则

术语管理的范畴相当大，涉及诸多方面。每个翻译公司或者术语管理工作人员都有自己的术语管理机制和理念，若大家都按照自己的理解和意愿去管理术语，整个术语管理行业将会混乱不堪。没有统一的原则和标准，术语管理将很难成体系，其发展也会受到阻碍。因此，术语管理的基本原则和统一标准非常重要。术语管理的四点基本原则，即一致性、客户导向性、权威性、全程性。术语管理要做到术语一致性，这是翻译工作的基础和前提：客户导向性要求翻译人员在进行术语管理时要时刻考虑客户的需求；权威性是术语管理工作的关键所在；全程性则说明术语管理工作贯穿于整个翻译项目。除此之外，术语管理还要求高效性，为确保翻译活动按时准确无误地进行，在翻译开始之前，一定要做好术语管理工作。

（四）口译与术语管理的关系

术语管理贯穿整个口译过程，尤其是在译前准备与译后整理阶段。做好术语管理工作，可有效提高级翻译官译质量和效率，在口译活动中起着非常重要的作用。

在全球化、信息化的时代背景下，机辅口译、智能语音翻译、云翻译技术等发展迅速。在计算机辅助翻译环境下，口译术语管理的意义越来越大，对口译活动起到了至关重要的作用。口译术语管理对个体口译人员、口译团队、企业三个方面都意义非凡。这不仅有利于口译团队译员间的协作和共享，也能有效促进企业口译语言资产的积累、更新，最大限度地重复利用信息资源，提升企业品牌形象。

除此之外，通过 Sketch Engine 平台的术语自动提取工具和语料库检索功能的反馈意见，得出口译术语管理工具会提升、完善口译过程的结论。由此可见，将先进技术应用到口译术语管理工作中可大大提高口译术语管理工作。同时，高效的口译术语管理工作可帮助口译员快速成长，有效积累专业术语，节省译前准备时间，高效、优质地完成口译任务。

二、口译术语工具应用

传统口译术语管理主要依靠人工纸质记录、人脑记忆及 Word.Excel 等文字编辑工具进行口译术语管理。这种传统的术语管理方式，效率较为低下，耗费的人力、物力较多，而且不能对术语库进行及时更新，导致术语的检索、使用及共享也不方便。随着翻译技术的迅猛发展，国内外翻译行业开始不断进行翻译技术的投入与研发，口译术语管理技术和工具的发展也越来越引人注目。

一般而言，计算机辅助翻译环境下的术语管理工具可分为两类：独立式工具和集成式工具。独立式工具独立于计算机辅助翻译工具，这类工具专门对术语进行管理；集成式工具则作为功能模块或组件，内置在计算机辅助翻译工具中。相较而言，独立式术语管理工具功能更为齐全，管理更加专业化，常用的独立式术语管理工具有 Intragloss、InterpretBank、InterplexUE、Intraplex 等。集成了术语管理模块的计算机辅助翻译工具有 Déjà Vu、memoQ、Wordfast、雅信 CAT 等，这类工具使口译术语的整理和使用更为方便、灵活。术语管理工具可发挥自动术语搜集、自动术语提取、自动术语表生成、术语资源管理与循环利用等作用，大大节约口译员译前术语准备工作，提升其工作效率。在具体翻译实践中，口译员需要根据客户要求和口译的具体环境，选择适当的口译术语管理工具。

（一）口译术语提取与收集

在口译活动中，译前准备非常重要。可以说，译前准备可直接影响口译活动的成败，而口译活动的译前准备，大部分工作是口译相关术语的收集、提取等。因此，口译术语的提取与收集是口译员在口译活动过程中需要正视的问题。如何做到有效地提取与收集口译术语，是口译员需考虑的首要问题。

口译员接受口译任务后，首先要进行译前准备，收集相关术语。口译员可根据客户提供的资料，到权威网站搜索术语资源，搜索口译中可能用到的相关术语，理解和梳理口译任务中的专业知识。例如，口译员承接了一项电子工程方面的口译工作，可以搜索微软公司的术语库或 Maxim 公司的电子工程术语表，获取相关术语。此外，国内一些大型的权威术语库，如中国翻译研究院建的《中国特色话语对外翻译标准化术语库》《中国重要政治词汇对外翻译标准化专题库》等，也都是口译员能快速准确获取某领域权威术语的有效途径。

术语提取通常指口译员将客户方提供的资料（如 Word 文档、PDF 文档、幻灯片或相关参考材料）通过手工或者自动化的手段，获取本次口译中可能出现的术语的过程。翻译技术下的自动化术语提取可以帮助口译员更有效地提取所需术语，快速创建相关术语库，对口译资料进行预处理。

假设口译员接到一项中英语言对的法庭口译工作，现需要在译前了解相关法律术语，且手头上已找到一些中英双语对照的法律文本，此时可以借助口译术语工具 InterpretBank 来提取术语。以下具体介绍如何通过 InterpretBank 6 提取术语。

InterpretBank 6 有两种术语提取方式：一种是人工手动提取术语，适用于单个短文档；另一种是自动提取术语，适用于多个长文档。

口译术语的提取与收集工作量非常大。虽然在计算机辅助翻译的大环境下，可以通过翻译技术协助人工进行术语提取与收集工作，但大部分口译术语的提取与收集工作还需人工筛选识别，故口译术语的提取与收集技术还有待进一步提高。

（二）口译术语格式转换

口译人员在接到口译任务后，拿到手的翻译资料一般非常混乱，文件格式五花八门，如 DOCX、TXT、XLS 等文件格式。此种情况下，需要把这些文件格式统一转换为常见术语库支持的格式，方便译前和译中随时搜索和查阅。以 SDL

MultiTerm 2019 Convert 工具为例，可将常见的术语文件格式转换为便于在 SDL MultiTerm 软件里搜索查阅的 XML 格式。下面以.TXT 文件为例，具体演示转换过程。

①确保在待转换的.TXT 术语文件中，不同语种的术语之间已用制表符分开。

②打开 SDL MultiTerm 2019 Convert，点击"下一步"，选择"新建转换会话"，再点击"下一步"，然后选择"电子表格或数据库交换格式。然后点击"下一步"。

③点击"浏览"，选择要转换的术语文件，然后点击"下一步"。

④在新窗口中，在"分隔符"栏中选择"制表符"，在"列数"选项中，根据实际情况选择列数，本例中选择 2 列，然后点击"下一步"。

⑤分别点击新窗口中"可用列标题字段"的各个语种，在右边选择对应的"语言字段"，然后点击"下一步"。

⑥后续的其他设置可直接选择默认，继续点击"下一步"，直至完成。至此，术语文件的格式便转换完成。

除了可以导入相关格式支持的软件直接使用，也可以通过其他转换工具，另存为通用的 TBX(TermBase exchange,TBX)格式,在其他术语管理工具中使用。口译员通过使用各类术语管理工具，可将提取的术语表导入新创建的术语库中，便于在后续翻译中查询，保证术语的一致性，提高级翻译官译速度和质量。

三、口译术语库建设

口译术语管理在整个口译活动中扮演了很重要的角色，由此衍生出的口译术语库建设也越来越迫切，口译术语库的相关建设与研发越来越重要。这里将主要探讨口译术语的提取与收集、口译术语的转换、术语库的相关概念、口译术语库的创建，让读者对口译术语库建设有更深的理解及更有效的应用。

（一）术语库的概念

分类、检索术语的数据库，可泛指包含术语数据的数据库。术语库被认为"可以根据数据管理的需求，调动各个分支程序（如读写、排序、语言翻译、文件处理、输出等），完成术语存储、术语输入、术语输出等功能。术语库是企业或个人基于术语管理系统利用计算机收藏术语的地方。通过计算机辅助翻译工具创建口译术语库，最大的优势是可以嵌入计算机辅助翻译工具，并在翻译过程中自动搜索和识别源语中出现的术语。这有助于口译员将该术语的目标语迅速插入译文区中，而且大多数计算机辅助翻译工具都支持边翻译边添加和修改术语的功能，从而做到对术语库的实时更新和维护。由此可见，术语库是一个储存术语的电子容器，可以有效地管理、更新术语，在翻译活动中，术语库的引入可以大大提高级翻译官译工作效率。

（二）口译术语库的创建

随着信息化时代的到来，越来越多的翻译技术渗入翻译活动中，术语库则是其中一项重要技术，因此创建口译术语库，提高口译的准确性和完善口译效果，在口译活动中尤为重要。我们已了解了术语库的相关概念及口译术语提取的相关知识，而在计算机辅助翻译技术发展越来越好的今天，该如何去创建一个口译术语库呢？下面以 SDL MultiTerm 2019 和 InterpretBank 6 工具为例，为大家演示如何创建口译术语库。

SDL MultiTerm 2019 创建口译术语库基本操作。

①在 Excel 表格中校对、整理口译活动中需要的术语表，整个术语表要确保所有数据位于同一 Excel 工作表上。术语列的首行需加标题，并作为术语库的索引字段名称，标题要标明语种，如 English、Chinese 等。其他列的内容可为关于该术语的说明信息，列标题将作为描述性字段名称，如"定义""注释"等，如表 3-1 所示。

表 3-1　存储于 Excel 电子表格中的术语及术语信息表

A	B	C	D	E
Chinese	English	英文缩略	描述	例句
整体利益	overarching interests			
投资互利合作	two-way investment			
货币互换安排	swap-lines			
破坏性震荡	disruptive volatility			

②用 SDL MultiTerm Convert 工具将 Excel 格式的术语表转换为术语库定义文件（.XDT）和术语数据文件（MultiTerm XML）。以表 3-1 为例，转换时需注意将"Chinese"和"English"两个列标题指定为索引字段，"英文缩略""描述"和"例句"指定为说明性字段。

③利用上一步中转换的术语库定义文件（.XDT）和 SDL MultiTenn Desktop 工具创建一个空的术语库。

④将术语数据文件（MultiTerm XML）导入上步中创建的术语库，生成术语库文件（.SDLTB）。

InterpretBank 6 创建口译术语库基本操作。

①选择菜单 Glossory 下面的 aCreate new glossary"。

②为术语表和子术语表命名，设置语言，如果需要，可以为术语表添加相关信息描述，如有关事件的描述、组织者等。

③点击"Apply"按钮，一个有关医学口译的口译术语库即创建完成。

口译术语库创建完成后，口译员便可在术语工具中加以使用。例如，InterpretBank 对术语库有三种显示方式，即编辑模式（Edit Modality）、会议模式（Conference Modality）、记忆模式（Memory Modality），口译员可根据自己的译前需要，在菜单栏的"View"选项中选择不同的显示模式。编辑模式与编辑术语时的显示方式相同；会议模式在术语列表下方有搜索框，便于译员检索特定术语；记忆模式则比较特别，能以测试的方式，帮助口译员记忆术语。在记忆模式下，点击"Start manual"，左边会显示源语言的某个术语，此时口译员先思考对应的翻译，再点击"Show"，则可对照自己的翻译是否与目标语翻译一致。如果一致，则点击绿色框"Known"，若不一致，则点击红色框"Forgot"。点击"Forgot"后，该术语会在后续再次出现。口译员还可以点击"Play automatically"进行术语自动播放，也可点击"Shuffle term orde"，让术语按随机顺序出现。

口译术语库的创建能大大减少口译员的工作时间，减少不必要的重复工作，协助口译员进行译前准备工作。同时，口译项目完成后，还可根据实际的口译活动内容增添新的术语，删除过时的术语，保持术语的一致性和准确性，为下次口译工作积累更加丰富的术语资源。

（三）口译术语库的维护

口译术语库创建完毕之后，还需对其进行维护。信息化时代，各行各业发展变化速度飞快，对于口译来说，每一场口译活动都是独一无二的，都可能碰到新的术语，因而之前术语库中的术语会随着社会的发展被淘汰。因此，口译术语库的维护工作是口译活动中必不可少的一环。

翻译术语库的维护工作主要包括编辑、添加单个术语、批量添加术语、编辑定义术语、搜索重复术语、删除重复术语、删除单个术语、按照筛选条件批量删除术语等基本操作。随着新技术的不断更新，词汇的意义也有了新的理解。同时，科技产品更新速度快、生命周期短，产品的研发过程中常常出现升级更新，一旦新内容与旧内容产生冲突或矛盾，就需要对术语库进行维护更新。翻译术语库尚且需要时时进行维护，而更灵活、更即时的口译活动，则更需要对术语库进行不间断维护。

下面以 InterpretBank 6 例，介绍口译术语库维护的基本操作。

①删除术语。

第一步，在术语库中查找重复项，并进行删除；

第二步，点击左上角的 Database，选择 Find Duplicates 按钮，得出术语库中重复的术语后删除重复项；

第三步，从列表中选择单行或多行，点击确认后界面。

②添加语言或更新术语表语言。

第一步，在现有术语表中，点击左上角的"Glossary"选项；

第二步，选择下拉列表中的"Rename or modify glossary"，在弹出的对话框中进行更改。

③编辑术语表。点击右上角的 Edit 图标，进行术语的更改、删除等操作。

④编写和更新术语。术语及翻译位于窗口上方，可以编辑、更新相应的术语字段。点击"Save"图标在术语库中保存新的术语，更新现有术语，在表中选择一个术语。选中的行被高亮显示，术语显示在术语字段中（窗口的上部），编辑它并点击此图标或按下"Enter"（图标为灰色）更新术语。同样，按下此

图标可将术语从术语表中删除，确认下一个窗口，但这一操作无法撤销，需要注意。使用"Update"按钮可清除术语蒙版，而无须从数据库中删除术语本身。

如此，便可进行术语库的维护更新。做好术语库的维护更新工作，可大大提高口译工作效率，节省译员的译前准备时间，提高口译质量。

在人工智能赋能时代，高效、科学的术语管理可显著提升口译员工作效率，保证口译工作质量。术语管理已经成为现代口译译员必备的一种职业能力，提高口译员的术语管理能力是未来职业口译教育的重要目标之一。随着现代技术的更新迭代，术语管理工具加速迭代更新，呈现自动化、智能化、云端化、泛在化的发展趋势，技术赋能口译趋势日益凸显。口译员不仅需要学会查找术语、标注术语、熟记术语等基本技巧，更要提升术语技术素养，提高术语综合管理能力。

第三节　口译技巧应用

一、科技英语口译实用技巧与口译职业技能的提升

随着我国社会经济的发展，科技水平也在不断提高，特别是在我国沿海地区，对于科技交流越来越频繁，那么在与发达国家进行交流时就避免不了翻译这一工作。作为科技英语口译，其专业性更加强烈，其研究领域与研究方法也逐渐走向科学化。然而当今科技英语口译当中仍然存在着众多问题，如语义不连贯、语序紊乱，语言逻辑差等现象，所以如何增强科技英语口译使用技巧与职业技能就越发重要起来。

（一）科技英语口译存在难点与问题

科技英语口译同一般的文学口译、外交口译或者新闻口译有很大不同，其专业性更强，具有其自身的时效性、独立性和技术性，口译过程中，针对不同产品、科技技术，其不可预知性高，所以对译者的专业素质要求高，结合这几点我们可以总结出科技英语口译的难点所在：

1.科技英语口译词汇复杂

因为科技英语设计范围广泛，除了口译当中的常见词汇，更多的就是技术

性词汇，这与所翻译的行业有很大的关联性。除此之外，还有许多半技术，这些词汇有多是多义词，在不同科技领域下具有不同的意义，例如 power 一词，一般做"权利"，"动力"解释，但在科技英语中则表示"功率、电力"。

更加值得我们注意的是，随着科技水平的不断提高，新生词汇也在不断累加，这些词汇具有时效性，可能没有被规范地加以统计，但是使用率较高，这就为科技英语口译带来了众多困难。

2. 科技英语口译语句组成复杂

虽然有些科技英语的词组并不复杂，很多也是常用词汇，但是由于科技专业性较强，其在语言结构方面的构成具有自己的特色，即：表述客观、逻辑严谨。所以很多情况下科技英语语句构成十分复杂，在翻译过程中一定要做到逻辑表达明确，叙述层次分明，在语义上排除歧义，比如以下两个例子：

It s a further object of this invention to provide apparatus which will have a proper weight to volume displacement to allow the thermocouple to sink beneath the surface of molten ferrous bath in a basic oxygen fumace to thereby assure temperature measurements thereof.

这句话的翻译要使主次分明，即：此发明的另一目的就是提供一套能使重物体积置换的装备，其使热电偶沉入氧气顶吹转炉的溶池液面之下，从而保证其温度的测量。

The specimen can be inserted between pieces of similar hardness; the sample can be plated; when using casting resins, a slurry of resin and resin and alumina made for just purpose can be poured around the specimen; the specimen can be surrounded by short, small revetment rings, etc

...about the same hardness.

同上一句不同，这句主要是主语难易决定，可翻译为：试样在同样硬度的工件之间可以镀金。当用充填料时，可将树脂与矾土的浆料注入试样周围，使之形成短小护壁，硬度相似的环状填料包围。

针对这些构成复杂的句子，对科技英语口译人员的要求更加苛刻，必须要把握其中心意思，结合细节进行口译。

总之，只有清晰的认识到科技英语口译的难点与问题，考虑到双方交流时的不同语境与环境，才能使得科技英语口译者更加深刻理解对话内容，并且根据不同专业加强翻译时的实用性，使存在的难点得到合理解决。

（二）科技英语口译实用技巧

在了解了上述科技英语口译中的一些难点与问题之后，我们应该"对症下药"采取相应的技巧进行处理，这里我们应该明白，科技英语口译技巧不等于方法，通常的口译方法有直译、省译以及复译等，但是口译技巧则是通过一些翻译特点，采取适当的转变进行翻译，达到更加明了的表达作用。

下面结合科技应以口译，具体讨论如何运用实用技巧来提升科技英语口译技能。

1. 以主动态为主

在科技英语口译中，一般科技技术或产品为主语，在翻译当中尽量以之为主语，一方面可以是对方能够更加理解语句含义，另一方面也可以排除一定的歧义。

例如：The model，consists of three phase mass conservation for oil，steam and water along with equations of energy conservation and constraint.（本模型由油、气、水三相质量守恒方程、能量守恒方程、相平方程及限定方程组成。）

当然，所有的技巧不是一成不变的，特定情况下也可以使用被动语态，一般情况下主动与被动所表达的科技功能与产品是一样的。但是使用何种语态就要看具体的交流环境，口译者应该能够灵活适用。

2. 人称代词的应用

使用人称代词也是科技英语口译当中的一个重要技巧，一方面可以使得译者的话能够亲切、自然直接的表达，另一发面又可以拉近双方的感情距离，便于下一步的沟通交流。

例如：What we are going to do next is to have a technical discussion.（下面我们需要进行技术交流。）

3.直译与修译法的运用

直译法对于比较正式的场合，可以表达更加直观。

例如：First of all, we warmly welcome gentlemen from English to visit our company.（首先我们欢迎来自英国的朋友访问我们公司。）

而不是所有的翻译都要采用直译，有些科技交流过程中，由于环境的差别，对于内容应该进行修改或者转换，这就是我们提到的修译，这种方法更能使的双方更加了解对方的语句意图。

例如：Supply of our brake discs falls short of dcmand at present.（目前我们的制动盘供应不足。）

4.复译的灵活运用

在我们通常的语言使用习惯，经常重复用词，而在科技英语翻译当中很少会使用重复翻译的方法，但在一定语境下可以使用重复原话的翻译方法，可以一定程度上降低译者的工作强度。

例如：We supply various kinds of gears to domestic market and international markets.（我们向国内外市场提供不同种类的齿轮。）

以上四种技巧知识众多科技英语口译当中技巧的挑选，还有许多技巧需要口译者不断地学习，总之要做到灵活运用、切勿死搬硬套，根据不同交流环境灵活处理，正确使用，即兴发挥。

（三）科技英语口译职业技能提升

科技英语口译职业技能的提升不单单是从专业水平上的提升，其面对突发情况是的临场反应也是十分重要，这就需要口译者在日常训练中不断积累翻译经验、改进翻译技巧，在技术上、心理上对自己的科技英语口译职业技能进行锻炼。

1.科技词汇的储备

无论多么先进的训练方法，多么强大的心理素质，作为一名英语口译者，词汇量使其最基本的工作条件，所以在科技英语口译中，翻译者更应该加强专业英语的积累，而且随着科学技术的发展，新生词汇的派生，口译者更应该将词类进行分类整理，反复记忆，同样也可以阅读相关的科技文献来增强自己对于科技词汇的理解力。

科技英语在很多场合都是一词多义，在遇到难懂的词汇时，口译者也应该通过已知的词汇信息来猜测到改词的真实意思，这就要求口译者平时加强词汇记忆，也要求其做好事后的统计工作。

2. 口译训练由易入难

科技英语的口译职业技能提升应该具有阶梯性，从业者应该针对自己不同科技领域制定相应的提升计划，由简单到复杂，从书写的翻译到听力的理解，最后再到口述的翻译。

除了阶梯式训练，科技英语口译应当也有仿真的口译训练，这种方式可以检验口译效果，更加直观的发现口译者存在的问题，口译者通过仿真训练，能够更快地适应科技英语口译工作，认真领会句子的含义，最终达到实际工作要求的专业效果。

总之科技英语口译与科学技术发展息息相关，口译者应该要制定相适应的训练方案，做到"举一反三"，达到临场应变的能力。

3. 记忆力和速写职能的提升

科技英语口译质量主要决定于两方面，一方面是译者的记忆能力，如果对于要翻译的能力不能够全面记忆，把握不清内容的中心思想，就不能够清楚的转达所译内容的精髓，进一步导致双方在内容的理解上产生分歧，造成经济或者其他方面的损失，所以记忆训练对于科技英语口译来说是非常重要的职业技能训练点。

另一方面就是速写能力的提高，在交流频繁的场所，不允许口译过于频繁的翻译，这时需要口译者进行笔记速写，通过简要的语言或者符号，对翻译的话进行记录，把握要点，从而进行翻译工作。这方面的职业技能提升训练，有主意口译者的记忆能力和归纳能力，并对语句的关键词、中心内容能够更加准确的判断。

4. 科技英语译者的心理素质提升

正如上面提到的，科技英语口译专业技能，不仅仅局限于专业素质的提升，对于自身心理素质的提升也十分必要，这要求口译者能够扩展自己的英语知识面，通过增加自己的英语口译基本功，提升自己的应变能力，使自己在科技英语口译工作中，做到耳聪、脑灵、最快。

总之，科技英语口译是技术交流中的纽带，其职业技能的高低，决定了我国对外技术交流中的信息获得质量，所以只有通过高质量、高水准的口译职业技能提升，才能使科技英语口译在技术交流中起到中流砥柱的作用。

科技英语口译是跨学科的英语工作，对口译人员的自身要求非常高。科技英语口译员必须具有扎实的英语基本功，具有较强能力的读写能力，而且还有具备较高的应变能力和实际工作能力，掌握足够的口译技巧，深入浅出，将所翻译的内容表达出来。

综上所述，科技英语口译在当今科技发展社会具有非常重要的时代意义，需要口译者加大重视，只有掌握口译实用技巧和职业技能的切实提高才能使科技英语口译者成为科技企业交流的重要角色，才能为科技交流做出切实的贡献。

二、提高同声传译口译技巧的质量

同声传译已有五十多年的历史。随着同传需求的增大，对同传质量的要求也相应变高。这里简单介绍了同传的工作性质，特点和工作原理，并着重从经验研究出发，阐述了影响同传质量的一些主要内，外部的变数及有效的解决策略。旨在让译员和教员意识到同传除译员本身应预备的所有条件外，更应注意到在实际工作中，影响同传交流的其他因素。

随着中国加入WTO，改革开放的不断深化，全球经济一体化步伐的日趋加快，国与国之间的合作和交流将会更频繁。中国经济的飞速发展使其在亚太区的地位日益突出。目前，在中国举办的各项大型国际活动和会议的频率越来越高，这意味着市场对作为驾驭两种语言起桥梁作用的口译员数量的需求将越来越大，尤其是同声传译员，因为在当今许多场合同声传译被普遍采用。然而，同传质量的高低直接影响到交流双方的沟通是否顺利，同时，很大程度上也影响到组织者的声誉。因此，人们对同传质量的要求势必越来越高，无论是讲话者，听众还是组织者。那么，要提高同传工作的质量还得从同传本身出发，通过对其工作过程的分析，找出影响同声传译的各种不利因素，从而寻求解决问题的策略。

（一）同声传译的工作过程及原理

同声传译从严格意义上讲是译员与讲话者身处同一环境并以同样的速度进行着工作，即译员在听到讲话者语义群的第一个字时便开始用译入语表达源语的意思。译员在配有同声传译设备的翻译箱内进行工作，一般有两个或两个以上的译员组成一个团队，轮流工作。同声传译自第二次世界大战以来被联合国，欧盟以及众多国际性会议采用，因此"同声传译"也被称为"大会口译"。

一般人们认为同传的工作过程十分简单，即掌握两门语言的译员在讲话者讲话的同时将源语转化成译入语。其实，同传的从业人员自觉或不自觉地经历了这样的一个过程：听力，理解，分析—记忆—重新组合—表达。基于这样对同传过程的剖析，吉尔创立了同声传译的工作模式，即脑力分配模式。整个同传过程归纳为三个连续的过程：感知，概念化和陈述表达。同声传译过程描述为：信息处理过程，并把人类信息处理器比作为一个庞大的黑匣子，而这个大黑匣子又被分解成几个相互关联的小匣子，每个小匣子可以被看成是一个信息处理的阶段。因此，从认知心理学的角度来看，同声传译是一项复杂的人类信息处理活动，其中包含了一系列相互依赖的技巧。

纵观口译实践，同传并不是一个一步到位的简单过程，而是一个有众多重叠步骤的工作过程，其中每个步骤都有其处理的要求，而在整个同传过程中所有这些步骤既相互影响，又同时进行。因此，从一种语言向另一种语言过渡的瞬间，译员面临的是多重任务，而且需在说话者完成一句话的当时就已经作出了选择并用目的语作口头产出。而选择本身可以充分体现译员个人的语言，知识能力的强弱及心理素质的好坏。因此，同传的结果因译员而异。但是，如果能对同传实际工作过程中出现的疑难加以分析和解释并找到相应的解决策略，那么同传的效果可以相应地得到改变。

（二）同传质量的标准

口译界对口译质量，尤其是同传质量的标准界定看法并不一致。传统上衡量同传质量的标准界定仅在译员这方：语言和信息处理的能力，尽可能准确地重新表达源语讲话者的思想和表达方式。职业翻译不是在真空中进行的，只有当它向别人提供服务时才得以存在。而不同场合中的情景的变数需要不同的对待。口译中的变数归纳为：

①讲话者和受众的地位。②讲话者发布信息的目的。③讲话者对待信息和受众的态度。④受众对待信息和讲话者的态度。⑤译员的能力、判断、态度和策略。⑥信息的形式。⑦信息的语内表现力。⑧场景。

确实，传统上人们习惯以专业同传译员的标准来衡量同传的质量，如：译员的双语，双文化能力，快速反应能力；百科全书般的知识；出色的表达能力等等。同时也以译员最终产出内容的量的多少及表达的流利程度来衡量同传译员的工作质量，而忽略了同传过程中的许多变数。然而，同传译员服务的对象既有讲话者，又有听众，很难确定谁对译员的工作结果最有发言权。但是有一点是肯定的，即译员应具备做同传的内在条件及应付影响同传效果的外部因素的能力。

三、影响同传质量的外部因素及应付策略

对同声传译活动过程的描述和分析是为了界定译员的目标和策略及找出限制译员能力的因素。毕竟，质量是译员工作的一个重要的特征。对同传译员来说，限制其能力发挥的因素主要表现为理解，记忆，设备，工作状态等方面。

（一）理解，记忆

理解，记忆是任何一种行式翻译的基础。在口译，尤其是同声传译中、由于时间的限制，理解、记忆对译员来说尤为困难。而对理解、记忆产生影响的因素多种多样：既有内在的，也有外在的。在这里主要从进入信息的特点分析，例举一些在实际同传工作中影响译员理解、记忆的负面因素。

1.不同的语言环境

一般在国际会议上，讲话者操主办国的母语或规定的外语，而大多数发言者则用外语演讲。那么，对同传译员而言，要听懂并理解非母语讲话者的发言，这无疑增加了信息处理过程的难度，加大了他对信息分析的量。因为发言者使用外语的能力大相径庭，集中表现在：发音、语法、文法、逻辑思维等方面。这些因素的表现甚至连以这种外语为母语的代表都难理解其意，而同传译员必须在特定的时间内对讲话者的内容作出最快的反应。在这方面，不同于交传，同传译员在翻译箱内无法看清讲话者的手势和表情并从中捕捉信息，或

直接与讲话者交流。在一次联合国的工作会议上，越南、老挝、印度和一些中亚国家代表的英语发言简直让人如坠五里烟云，十分费解。首先，他们的发音带有浓厚的地方口音。比如，印度人习惯将"th"发成"d"。因而也就有了当印度人被问及年龄时类似下面笑话般的回答：I am dirty（thirty）. My wife is dirty（thirty），too，还有，发言者由于口误将："chicken"讲成了"kitchen"，"GDP"讲成了"GTP"，"SME"（small, medium enterprise）讲成了"SMZ"等等。这些口误会不同程度地影响译员的听力理解。还有一些语法错误，虽然有时译员可以领会大概，但仍会出现短暂的停顿，定笃确切的意思，从而影响下面内容的听力理解。如：From long ago（应为：For a long time），China has been showing its pursuit of opening-up and integration into the mainstream of the world economy. 这个句子的时间概念表达得不清楚。又如：To be a full member of the WTO will put China in a position of a closer relation with the whole world economy, thus enjoys a more secured external environment，这里enjoy的主体不明确。此外，有些发言者的语言能力不强，表达上层次不分明，经常出现内容重复。面对以上种种情况，首先译员应对讲话者发言的主题十分了解，其次，在做同传之前最好与讲话者取得联系并进行交流以熟悉其发音、发言的特点和风格，从其书面文稿中了解发言的大概内容。这样，即使在不理解的状况下，也可以灵活机智地进行猜测和预测，将书面的内容经综合后传递给听众以避免造成冷场或长时间的停顿。

2. 高速发言

在大会上，发言人因个性的不同发言的风格也不同，讲话的语速有快有慢。当然，同传译员如果碰到慢速发言者是比较幸运的，可以有足够的时间进行思考，但是碰到快速讲话者，则会麻烦不少。在这种情况下，译员的听力理解和产出这两个过程的量相应变大，这给译员全面理解带来了很大的困难。这些讲话者往往很少顾及同传译员的处境。根据做同传的经历，这如同赶火车，译员往往做得气息紧张。由于大量耗氧，使得大脑十分疲劳。

那么，面临这种场合，译员不能选择词汇和词义的短暂记忆，而应采取非字面的长时间记忆。同时，译员可以推迟作出反应，以等获取更多的信息后再推理出讲话者的意图。这样，译员可以增加理解的时间而不易进入代码转译的陷阱，避免使译文的意思不完整或与源文的含义相去甚远以保证同传的质量。尤其在做中、英文互译时，由于两种语言的结构截然不同，前者是以并列结构为主，后者是以主从结构为主。因此，这又需要同传译员能一心两用，即在处理前面信息的同时，又能接收下面的信息。此外，针对这种情形，同传译员应具备较强的综合能力，将讲话内容的主要信息传递给听众而无需忠实于原文，并将有些并不重要的信息删减掉以减少信息处理量。但宗旨是确保译出语上下文的连贯。

3. 高密度信息的发言

在做大会口译时，同传译员经常会碰到一些信息密度很高的发言。诸如讲话者列举一系列的数据、人名、地名或组织机构的名称等。这迫使译员既要记忆概念性的内容，又要记忆这些特殊的信息，使信息处理的工作量加大。对此，同传译员在聆听、分析的同时应快速作笔记以帮助记忆或打乱例举的次序。在一次研讨会上，一位中方发言者在他的讲话中列举了许多类似下面一段中出现的数据：改革开放 20 年，浙江国内生产总值以平均每年 13.3% 的幅度增长，比全国平均增幅高出 4 个百分点。1999 年，全省国内生产总值达 5，365 亿元，在全国各省市区的位次已由 1978 年的第 12 位上升到第 4 位，人均国内生产总值约和 1，450 美元，也跃居全国第 4 位。这时，译员在短时记忆的处理过程中所需的处理量变大，同时会使大脑产生饱和状态。在实际口译的场合，同传译员对以上这些信息的反应速度会自觉地变慢，不时出现停顿，重组信息的能力变弱，即便是职业译员也不例外。对此，译员可以直接做代码转译，因为这些内容无法概念化，而且它们比认识记忆要消失得快。在处理上面这段内容时，译员主要的任务是把握住数据，因此无需太顾及译文的句子结构，简洁地译成：
After 20 years of reform and opening up, the average annual growth rate of GDP in Zhejiang is 13.3%, 4%over the national average. In 1999, GDP in Zhejiang was 536.5 billion yuan, jumping to the 4th place from the 12th in 1978,with per capita GDP of 1,450 U.S.dollars,

ranked fourth too.

4.朗读讲稿

在大会上，一些发言者因时间的限制便宣读精心准备的讲稿。这类文章一般措词严谨，句法完整，结构复杂，信息量比开头即席讲话大。发言人只是将书面内容以口语的形式表达而缺少了即席讲话的思考停顿。口译应该是口头翻译讲话者用自然的方式即席表达的内容。那么有人会提出：事先拿到讲稿不就完事了。但对同传译员来说，即使事先可以得到相关的文章，但由于时间紧迫，难以对文章作全面的准备和理解。有人将一篇文稿作口、笔译所需时间的比较发现：一名笔译员以正常笔译速度翻译一篇讲稿一天最多可达20页，而一名同传译员则须在约半小时之内完成这20页内容的口译工作。可见，同传译员此时所要面对的是何等的困难。更何况有时译员根本无法拿到讲稿。如有一次作同传，一位日方的讲演者将其文章照本宣科地读一遍。从开头足以看出他的文章经过精雕细琢。From the perspective of almost a year and one-half of crisis in Asia, it is useful to take stock of what we think we understand, and what is still confusing, as the region appear s to be bottoming out and on the verge of what appears to be relatively slow but steady recovery. The following presents a brief presentation of several issues related to exchange rates and financial issues to contribute to our discussions on the Asia crisis from a China-Japanese-American trilateral perspective. 面对这种情形，译员都应以听为重心，若跟不上讲话者的语速，应采用概括的方法将信息压缩后传递给听众。即使有翻译稿，译员也不能完全依赖书面的内容而忽略了听，应将听译和视译有效地结合起来，而不至于使译文与原文的产出在时间上产生一定的距离，或译文的内容和原文的内容不一致。因为在真实的场合，讲话者会时不时地增加一些小插曲或跳跃式地读文章，从而会导致译员跟不上从而丢失许多信息或是发言者结束了发言，译员还有几段没译完。

5.临时更换讲演者

在许多大型的会议上，经常会出现讲话者的变动。原定的讲话者由于某种原因未能出席，更换其他讲话者。而这种变动往往是临时通知，这无疑加大了译员的心理压力，影响其工作的质量。一次，一位译员充分准备好了自己要做同传的内容，谁知就在上场之际被告知发言人换了，讲演者是位科学家，发言中大量列举了中外科学家发明的定律，如：阿基米德定律，牛顿定律和勾股定律等，将同传译员搞得措手不及。在如此毫无准备的情况下，译员须高度集中精力，提高听力理解的准确度。没有事先准备也无需惊慌，尽量用解释的方式来传递信息。

6.接力式同传

有时在大会上三种语言同时并用，对译员来说，理解源语的难度同时也增加了，因为始终有一位译员只能间接接收源语讲话者的信息。如果第一位译员将源语的部分信息丢失了，那么第二位译员的信息来源和理解随之打折扣，最终影响整个产出的结果。因此，在做接力式的同传时，不同语种的译员要互相配合和调节节奏。第二位译员应对主题知识有充分的准备，即使在第一位译员传递信息不明确的状态下可进行预测，并将信息在自己具备主题知识的前提下加以概括、解释。

（二）机器

不同于交传，做同传时机器设备的好坏与使用正确与否会直接影响到口译的效果。从某种意义上讲，同传译员既要顾及到自己双语、双文化能力的最佳发挥，又要保证所用的设备能将自己产出的内容高质量地传递除去，不然，一切将付之东流。因此，同传译员应在工作前对同传的设备和整个工作环境加以熟悉，确保自己会正确使用。

调节好接收讲话者声音的音量和自己通过话筒发出声音的音量并确保进出声音的质量，因为很大程度上这会影响译员对原文信息接收的质量和最后产出的质量，从而影响整个工作状态。此时，译员还应注意在翻译箱内尽量避免将任何不愉快的噪音通过扬声器传到会场。

正确选择好输出语言的频道（一般为两个频道：母语和外语），并保证自己工作时相应的频道也工作。如果忘记了打开相应的频道，工作再努力也无人肯定，相反会招来听众和组织者的抱怨。

（三）译员的工作状态

影响同传译员工作状态的因素既有心理的也有生理的。

1. 心理因素（非智力因素）

译员的紧张度，情绪变化，自信的程度等在整个同传过程中始终左右着译员的表现，所有这些最终通过译员声音的质量和表达的流利度得以体现。无论一位同传译员双语言和文化的能力有多高，一旦他无法取得平静的心态和脑力的集中，他便会失去信心，阵脚打乱。在实际的同传过程中，译员，即使是职业译员，很少不具紧张的情绪。有专家对译员在同传前、中、后测血压，发现经验丰富的译员也难免受紧张的控制。那么，译员在做同传前应对大会的各个方面做全面的了解：从议程、主题内容到发言者的背景，自己的工作量、设备等。应该说译员的自信来自他准备的充分程度，充分的准备可以将紧张情绪降到最低。

2. 体力因素（非智力因素）

在一定程度上影响口译的效果。一般国际性的会议一天召开六小时左右，延续两到三天，口译由两个译员轮流担任，可见其工作强度之高。而且译员在口译箱内工作，缺乏新鲜的空气，大量的耗氧使译员难以集中精力，记忆下退，影响口译的质量。因此，同传译员要有足够的睡眠和适当的饮食以保证体力的需要。此外，利用可能的机会让自己适当的放松，呼吸新鲜的空气使体力得到相应的恢复。

（四）策略对同传训练的启示

以上是对同传的信息处理过程中除译员本身知识能力外可能出现的问题作了分析并提出了相应的策略，目的是让人们对同传的工作过程有一个全面、客观的了解，同时也旨在从认知和经验研究的角度指出在同传工作和训练的过程中如何充分意识到实际工作的状况，从而全方位地提高同传的质量。

同声传译是一种非常特殊的脑力和体力并用的工作。因此，无论在具体操作或训练的过程中需要有科学的态度和方法，遵循同传的规律。无论是同传从业者还是教员都应该看到：语言结构与处理过程，信息与信息的处理以及最终效果与处理过程之间的矛盾和相互作用。

在同传的训练过程中，教员除了正面承认"不可译"并转而追求"可译度"不仅可以开拓译者的思路，还同时提高了翻译技巧和水平。在翻译实践中，对于语言层面上的不可译，许多译者早已提出了不同的解决方案，例如对无法翻译的意思采取解释翻译的办法．或者对具体词汇直接采用音译的办法以增加可译度，虽然还无法做到尽善尽美，但却是正确的努力方向。如有人将上句"I noticed that you used 4 walked1 in the park instead of 'walk' just now, but it can not be true."译为"我注意到你刚才说你已经在公园里散过步了而不是还没有，但这不可能。"尽管有些冗长，但基本表达了原文的意思。又如英语词汇中完全不存在对应的中国功夫，就被译为"Chinese Kungfu"，这种音译的做法，得到了大多数英语使用者的理解和接受、任汉英互译中经被广泛采用。

然而，对于文化层面上的不可译，至今仍没有较好的办法。大多数译者认为，只有通过不同语言使用者之间更多的交往，不同文化之间更好的了解、交流和融合，才能尽量减少不同文化间的不可通约性，从而减少文化层面上的不可译。而译者的一大任务也是通过翻译尽可能地向读者传播不同的文化，例如纽马克就主张将莎士比亚的名句"Shall I compare thee to a summer's day?"翻译介绍到夏天不那么美好的国家去，以便让那里的读者了解到英国美丽的夏天以及英国人对夏天的喜好之情。

通过以上讨论，应该承认"不可译"的存在，而不是引进"零翻译"的概念。正视并承认"不可译"，即承认人类不同语言之间本质上存在着不可通约性，并任翻译中体现为"不可译"，这非但不会动摇不同语言之间共同之处远远大于不同之处这一翻译的根本基础，反而可以帮助译者更加客观地对待翻译中的种种困难，并有利于翻译理论和实践的发展。

翻译的过程是复杂的，对翻译的研究仍处于发展阶段。但无论是翻译过程本身，还是对其进行的研究，往往又都是跨学科的。因此，本书试图从哲学的角度对翻译过程的一个方面，"不可译"现象进行尝试性的探讨，旨在究其根源，从而可以对翻译的理论和实践有所帮助。但需要特别指出的是，本书非常赞同"我们仍要反对滥用零翻译手段"，本书的目的也绝非借肯定"不可译"来鼓励译者滥用"不可译"这块挡箭牌来消极面对甚至逃避翻译的挑战，因为对译事的追求是无止境的，更是其乐无穷的。

三、数字口译的方法与技巧

数字口译对初学者来说是极具挑战性的一个难题。数字具有预测性低、结构复杂、相关性弱等特点，加之英汉两种语言中数字的表达习惯差异大，稍加疏忽就会造成重大失误。这里主要剖析影响数字口译的因素，探索数字的翻译方法与技巧，旨在为口译的学习提供一些可行性的建议，对提高数字口译的质量具有一定的参考价值。

随着经济全球化的推进，中国与其他国家的在政治文化以及商务等方面的交流合作日益频繁，对口译人员的需求也随之增加。然而在现场口译时数字难以预测和补充，一旦漏译则会造成不堪设想的后果。因此，找出解决数字口译的对策成为亟待解决的问题。

（一）数字口译的难点

1.段位概念和分段方法的差异

中英数字在表达和书写方面存在巨大差异，主要在于段位概念和分段方法的差异。中文以四位数字为一个段位，段位坐标分别为"万、亿、兆"，而英文以三位一段，由"thousand，million，billion"等词为标志。例如，汉语中数字"万""亿"在英语中找不到直接的对应词，在英语中"万"由"十千"来表达、"亿"则是"十千万"。因此，在口译中涉及此类数字时，就要花费时间进行转换。其次，中英数字各段位的排列方法也完全相反，中文数字以"个、十、百、千、万、十万、百万、千万、亿"升序排列，而英文则是降序排列，大数字置首位，小数字次之。

2.倍数表达的差异

英语中没有"增加了N倍"的表达法。比如在"increase 5 times"中"5 times"做"increase"的状语，而不是其宾语，表示增加的结果而非增加的数量，因此"increase 5 times"在翻译成中文时，对应的是"增加到5倍"（基数×5）或者"增加4倍"（基数＋基数×4）。同理"decrease 3 times"也表达减少的结果而非减少的数量,应译为"减少到三分之一"(或减少了三分之二),"shorten 15 times"译为"缩减到十五分之一"。

3. 计量单位的差异

在数字单位方面,中英文也有明显区别。例如中文特有的传统计量单位"斤""亩"等,英文中也有很多中文里不存在的表达,如 foot、inch 等。当源语和目标语中数字计量单位不一致时,译员在对数字本身进行记录与加工的基础上,还需要快速地进行单位上的转换。因此,当带单位的数字连续出现的时候,译者的工作难度也会大大加深。

4. 分数的译法

数字口译的最大的障碍之一就是分数。中文常用分数表达数量减少,如,"five times smaller"对应中文是"少了五分之四"。英语中分数的分子是基数词,分母则是序数词。只有分子为 1 时分母是单数形式,此外分母都用复数形式,这就导致译员一旦漏听了分母结尾复数的发音,就会导致数据出现错误。例如:二分之一为"a one half";三分之一为"a one third";四分之一为"a one quarter";三分之二为"two-thirds";四又三分之一为"four and one-third"。想要翻译得准确无误,译员就必须得掌握这些表达方式。

5. 文化差异

在文学作品中,经常用数字来承载一些文化信息。但由于不同民族在历史、文化、宗教等方面存在着差异,数字所承载的信息也不尽相同,因此,很多时候数字为虚指不能够直译。虚指义数词通常具有特定修辞功能,例如夸张、比喻、强调等,常常需要进行改译或者意译的翻译手段。例如:"三思"对应的英文为"think twice""乱七八糟"对应的英语表达为"at sixes and sevens""four-letter words"则对应中文"粗话",跟数字"四"毫无关联。

从以上的示例中不难发现不同文化之间的语言的规则和社会环境的不同,导致数字所承载的寓意也是天差地别的,这就要求译者在口译的过程中积累数字的特殊表达,同时重视数字的隐喻功能,遵循数字运用的规律研究数字并理解数字。

（四）数字口译的方法与技巧

有难点的存在就会有对应的解决措施，数字记忆也是如此。我们可以在数字口译中找到一些规律，并从规律中找到一些方法和技巧，提高数字口译的质量和效率。

1. 加强文化学习

在跨文化交流和学习中，首先要了解不同文化导致语言层面的巨大差异，对比不同国家间的习俗习惯，从文化差异的角度辩证地去看待其数字所要表达的内涵，遵循语言习惯，对某些数字进行必要的改译转换。首先是从书本了解，通过学习大英帝国史、世界史、资本主义史、殖民史等书目入手，理解并尊重其他民族文化。其次是多看一些其他目的语国家相关的科普视频等来丰富自己的语言词库，为进一步强化信息整理和组织语言能力做出努力。

2. 数字敏感度练习

提高数字口译的质量及效率，要从提高译员对数字敏感度入手。在实践中，可以采取循序渐进原则。比如从个位数的数字开始练习，逐渐过渡到十位数及以上数字的翻译；也可以先用数字比较少，语料较简单的材料进行练习，再去逐步提升材料的难度；还可以使用同一段材料原速度、1.1倍速、1.2倍速等逐渐提高速度的方式来练习，这都有利于增强译员的自信心。此外也可以通过预先记忆的方式提高对数字的敏感度。如果预先将一些对应的数字互译形式通过反复练习的方法储存在记忆中，那么涉及数字转换时，译员就可以将短时记忆储存数字和预先记忆的数字结合来解决数字问题。

3. 克服听译障碍

在英语口语中，经常会出现弱读、连读等现象，这就需要译员大量分析口译材料，找出弱读和连读的规律从而避免失误。例如：在英文数字表达中"and"经常被弱读成 /n/，若不提前了解"and"的语音特征，在口译过程中就容易犯错。数字"8"是经常出现连读的一个数字，同理"18""80"也会出现连读等等。这就需要译员大量分析口译材料，找出弱读和连读的规律从而避免失误，在英语中还有大量的特殊情况，需要译员在平时的学习中不断积累，为口译现场做好充足的知识储备。

4.缩略记录关键信息

口译的笔记，要做到简洁为主，用最少的字记录最多的信息，才能最大限度地节省时间。遇见复杂的英文表达时，把所有信息记录全面几乎是不可能的，译者在记录笔记的过程中，主要运用一些简洁的字母组合、符号或图形等一些缩略的方式对关键信息进行简写。例如：fifty-five million two hundred and forty-three thousand six hundred and one"时，可以缩写记作"55m243t601"。以下为两种简单实用的笔记方法：

（1）特殊符号法

以段位为单位，不同段位间用特殊符号隔开，可以使用"，"或"\"等作为间隔符号。比如记录英语时采用三位一逗号的方式："，"表示"千""，，"表示"百万"。例如，five billion可简写为"5，，，"；在记录中文材料时，采用四位一竖线的方法。如数字"二十一亿三百九十五万四百五十一"可以记录成"21|395|451"。

（2）表格法

所译数字较庞大时可采用表格的方式来记录数字，加快速度。用此种方法需要提前准备多个表格备用，以下为英语三段位表格划分示例：

表 3-2　英语三段位表格划分示例

One	Ten	One Hundred
1 thousand	10th.	100th.
1 million	10m.	100m.
1 billion	10b.	100b.
1 trillion	10tr.	100tr.

口译不是一蹴而就的技能，需要译员花费大量的时间来练习，将数字产生和使用的规律与逻辑推理相结合，增强自己数字逻辑推理的能力，从而实现口译的最终目的。口译决不能是纸上谈兵，只学习理论知识是远远不够的。尤其数字的口译更不能是空口侃谈，必须要将重点放在练习上，通过大量的且反复的练习、总结问题并吸取经验才能真正地提高自己的口译水平。

　　通过以上对数字口译的探讨和研究，我们对数字口译有了更加深刻的认识。数字口译是口译中尤为重要的一个环节，对数字口译的训练有助于提高口译的整体水平。同时在口译过程中，数字的漏译或错译都会造成很严重的后果。因此，掌握数字口译的技巧成为口译中最重要的一个环节。

第四章 口译实战训练

第一节　接待外宾与宴请饮食

接待外宾是涉外工作的重要组成部分，是联系内外的一个重要桥梁。接待外宾涉及的内容很多，政府、企业、民间的外事活动均涉及此项工作。在接待外宾活动中，译员的工作角色既是陪同人员，又是翻译，是双方沟通理解的纽带，因此，口译工作尤其重要。口译的内容包括迎来送往等相互介绍、道路行进、上下车船、出入电梯、通过房门、就座离座、提供餐饮、日常安排、业余活动、洽谈签约等方面。

接待外宾活动会较多地体现跨文化交际的内容，因此，在接待活动中，除了掌握外事口语，尊重各国风俗习惯和宗教信仰，还要注意一些对外交往的礼节。涉外礼仪是人们在国际交往中形成的一种行为规范。它在一定意义上反映着一个国家的文明、文化和社会风尚。接待是最常见的社交礼节，这不仅是整个社交活动的开始，而且是对不同身份的外宾表示相应尊重的重要方式。在整个接待活动中，要注意一些事项，例如日常交往、仪容服饰、洽谈签约、宴请活动等礼节。礼仪活动有5个要素构成，即事情（what）、人物（who）、时间（when）、地点（where）和程序（how）。事情决定活动采取的形式。对活动形式的选择会保证事情圆满完成。人是主体。时间、地点提供了时空范围。程序是事情展开的过程。五要素是有机地交织在一起，缺一不可。在外事工作中，特别是在正式的对外场合中，接待工作是十分重要的。因此，接待外宾口译也是极其重要的工作。礼节性迎来送往一般不涉及实质性问题，通常以寒暄和互通情况为主，翻译时应很好地传递友好的信息，维护宾主双方共同创造的融洽气氛。宴请除开头和结尾的祝酒外，多为随意的攀谈，翻译时可多用口语，使轻松的谈话成为美食的佐餐，正式的外交谈判等外事活动等都是严肃、庄重的活动，翻译时应立场鲜明、沉稳准确、语速适中。

在外事接待活动中，每一个译员既是专职翻译，又是接待人员，此种特殊的身份，要求外事接待译员不仅要具备专职的翻译素质，而且要具备接待人员的素质，具体而言，要做到政治上坚定，业务上过硬，准备上充分，同时知识面还要宽，更要具备深厚的两种语言文化的功底译员要做好翻译前的准备工作，对有关的政治、时事和相关主题的背景知识及其词汇等应做好准备。作为外事译员，必须掌握政治、经济、军事、文化、社会、法律、宗教、民族等各方面的基础知识，随时熟悉和掌握和自己专业相关的知识和词汇。译员除具备翻译的一般素质外，还必须具备一些特别的素质。对于从事外事口译的译员来说，无论是交替传译，还是同声传译，都要具备敏锐的听觉。在外事接待活动中，现场翻译的时间紧，不给译员斟酌的时间，这就要求译员反应快、语言水平高、语言转换能力强。如果是一般的接送机（车）、参观游览、进餐陪同等私下交谈时，译员翻译可以灵活些，如果是外交活动中的接见、会晤、谈判等的接待工作，内容往往有政策性的要求，翻译必须准确忠实，不能擅自改变或增减内容，用词要严谨。

一、接待外宾

（一）译前准备

背景介绍：美国来宾到北京，中方接待并闲聊。词汇准备如表 4-1 所示。

表 4-1　词汇准备

序号	词汇	翻译
1	pen pal	笔友
2	有缘千里来相会	Though born a thousand li apart, souls which arc one shall meet.
3	孝顺	filial, filial piety
4	broad and profound	博大精深
5	羔羊跪哺，乌鸦反哺	The lamb kneels clown to suckle, the crown feeds its parents.

（二）对话全文

听下列对话，进行中英、英中交替口译。（中方为 C；外方为 F。）

C：请问您是来自美国的普里斯先生吗？

F：Yep. That's me. Please do call me Larry.

C：好的，很荣幸见到您，Larry！我是杨思嘉，英文名是 Scarlet。

F：Nice to meet you, Scarlet.

C：我们的车就在外边，这边不让停车，咱们边走边谈好吗？

F：Sure. Let's go.

C：您是第一次来中国吗？

F：Actually not. My wife June is a Chinese. We had been pen pals before we first met face to face in Beijing in 2000. We married three months later.

C：听起来很浪漫呢！真是"有缘千里来相会"呢。

F：Well said! I like Chinese sayings. They are full of wisdom and puns. Chinese culture is so broad and profound.

C：看来您真是喜欢中国。

F：Indeed. Actually, I plan to settle clown here when this business is done. June also needs to take care of her grandparents, they arc in their 90s.

C：爷爷奶奶？

F：Yes. J line was raised by her grandparents. Now that they are old. June will come back to look after them.

C：真孝顺！就像俗语说的，羔羊跪哺，乌鸦反哺。

F：What do you mean?

C：是表示对父母的感恩：羔羊跪哺表达感激和敬意，乌鸦长大后喂养年迈的父母。

F：How touching! Filial piety is truly a merit of the Chinese people. Thanks for the teaching. In return, I'd like to teach you a few Chinese characters.

　　C：您教我汉字？！我没听错吧？有意思，我洗耳恭听。

　　F：Yep.Now let's begin by the character "wo".

（三）词汇拓展

1.称谓的翻译

称谓中的"总""副""助理""代理""常务""执行""名誉"怎么翻译？

首席长官称谓常以"总"表示，与之相对应的英语词有 chief，general，head，managing 等，例如，总工程师为 chief engineer，总代理为 general agent，总教练为 head coach。

汉语中表示副职的头衔常以"副"字表示，英语词 vice，associate，assistant，deputy 等有相同作用。例如，副总统/大学副校长为 vice president，副教授为 associate professor，副总经理为 assistant/deputy general manager，副市长为 deputy mayor。

对于"助理"级，英语中常用 assistant 一词，例如，助理工程师为 assistant engineer，助理编辑为 assistant editor。对于"代理"一词，英语可以用 acting，例如：代理市长为 acting mayor，代理主任为 acting director。"常务"可用 managing，例如，常务理事为 managing director，常务副校长为 managing vice president。"执行"可用 executive，例如，执行主席为 executive chairman。"名誉"可用 honorary，例如，名誉主席为 honorary chairman。

2.机场接机常见语句

①托运的行李 checked baggage

②行李领取处 baggage claim area

③随身行李 carry-on baggage

④行李牌 baggage tag

⑤行李推车 luggage cart

⑥一路辛苦了。Did you have a good (pleasant) flight?/Is your journey enjoyable?

⑦长途跋涉，加上时差，您一定累了。After a long flight, you must be jetlagged.

⑧让我帮您拿行李吧。/让我来推行李车吧。Let me help you with your luggage/bags. Let me push the luggage cart for you.

⑨您一共带了4件行李，是不是？So you have got altogether four pieces of baggage?

⑩您先请。After you, please.

⑪日程安排 schedule

⑫预订 reserve

⑬根据…的要求 upon...request

⑭专程造访 come all the way

⑮精心安排 a thoughtful arrangement

⑯排忧解难 help out

⑰为您设宴洗尘 host a reception banquet in your honor

⑱有朋自远方来，不亦乐乎。How happy we are to meet friends from afar.

⑲这是我们第一次见面。我们一直盼望着您来。This is the first time we have met. We have been expecting your arrival.

⑳久闻大名/久仰久仰。I have heard your name before by reputation. /I have heard a lot about you.

㉑我们的经理向您表示问候，他因不能前来迎接您而感到抱歉。Our manager sends his greetings to you. He regrets that he is not able to come to meet you personally.

㉒我代表经理及同事们衷心欢迎您. I'd like to extend to you a warm welcome on behalf of my manager and colleagues.

㉓I'm very touched that you have come all the way to meet me in person. 您亲自来接我，我深为感动。

㉔您一定是我们久盼的客人。You must be our long-expectcd guest.

㉕Excuse me，I haven't had the honor of knowing you. 不好意思，我还没能有幸认识你。

3. 宾馆入住常见语句

①接待处就在前面。The Reception Desk is straight ahead.

②旅馆里有空余的房间吗？Have you any vacant（spare）room in the hotel?

③我能为我的朋友预定一间单人房吗？Can I book a single room for my friend beforehand?

④ double room 双人间

⑤I'd like a quiet room away from the street if it is possible. 如果可能我想要一个不临街的安静房间。

⑥（with）a front/rear view 朝阳面／背阴面

⑦每天收费多少 ?How much a day do you charge?

⑧每天 1 000 元，包括服务在内。1000 yuan a day, service included.

⑨What services come with that? 这个价格包括那些服务项目呢？

⑩Forty dollars, tax extra. 四十美元，外加税。

⑪It，s quite reasonable. 收费十分合理。

⑫Would you mind filling in this form and pay 100 yuan in advance? 请填好这张表并预付一百元钱。

⑬May I have your check out time, please? 请问您什么时候结账退宿？

⑭We'll be leaving Sunday morning. 我们将在星期天上午离开。

⑮I'm glad that we'll be able to accept your extension request. 很高兴宾馆可以让您延长住宿。

⑯我想设定早晨的呼叫铃。I'd like a wake-up call, please.

⑰冷气（电视、灯）无法开启。The air-conditioner（T.V.set/light）doesn't work.

⑱I have some laundry. 我有些衣服需要送洗。

⑲I'd like these clothes cleaned（pressed）. 这些衣服需要洗涤（熨

平）。

⑳ 请将您需要洗的衣服放在纸袋中，并将衣物内容写下来。Please put your laundry in the paper bag and write down the contents of the laundry on it.

㉑ Will it be ready by tomorrow(the day after tomorrow)? 明天（后天）是否可以洗好？

㉒ I'd like to check out. My bill, please. 我要退房。请给我账单。

㉓ I had a coke in the mini-bar. 我拿了一瓶小吧台的可乐。

㉔ How would you like to settle your bill? 您想用什么方式付账？

㉕ Debit or credit? 借记卡还是信用卡？

㉖ traveler's checks 旅行支票

㉗ 支付宝 Alipay

㉘ 微信支付 WeChat pay

二、宴请饮食

（一）译前准备

背景介绍：机场接机后，王女士请从杰克逊先生吃中餐。词汇准备如表 4-2 所示。

表 4-2　宴请饮食的词汇准备

序号	词汇	翻译
1	fried mutton slices	炸羊肉片
2	baked fish with butter	奶油烤鱼
3	roast lamb chops	烤羊排
4	steamed lamb	清蒸羊肉
5	squirrel-shaped mandarin fish	松鼠鳜鱼
6	boiled fish	水煮鱼

（二）对话全文

听下列对话，进行中英、英中交替口译。（中方为 C；外方为 F。）

C：杰克逊先生，我们到了。今晚我们吃中国菜。

F：Wow, what a magnificent restaurant!It is decorated in red and gold, typical Chinese colors.I think the Chinese food here must be very delicious.

C：这的确是一家有名的餐厅。杰克逊先生，这是菜单。今天您是客人，请随便点。

F：Thanks.But I don't know anything about Chinese food.What would you recommend?

C：请问您喜欢吃辣吗？

F：I'm afraid I can't.I love fried mutton slices and baked fish with butter in my country, does China have something similar?

C：中国也有很多关于羊肉的菜，如烤羊排和清蒸羊肉。鱼的话在中国不同的菜系中做法会各不相同，最常见的是松鼠鳜鱼和水煮鱼。

F：The Squirrel-shaped mandarin fish sounds yummy, what do you think?

C：很好的选择！中国菜十分注重"色""香""味"三方面。我想这道菜应该和您以前吃的鱼味道不一样。

F：That'll be great.Well, I can't find coffee on the menu, you guys don't drink coffee?

C：我们一般不在吃饭的时候喝咖啡。来点啤酒怎么样，北京当地产的燕京啤酒在全国都非常有名。

F：OK.Could you tell me about the custom of drinking in China?

C：我们会以"干杯"的方式向对方敬酒，需要一口喝干杯中的酒，表示敬酒人的心诚和相聚的欢乐。

F：Sounds very interesting.But for me, it might be a challenge, since I get drunk quickly.And are there any taboos about using chopsticks?

C：筷子作为用餐工具，是不能用来指向别人的，这在中国是不礼貌的行为。还有就是不能把筷子竖直插在米饭碗里，因为这象征着祭祀。实际上，在中国请人吃饭更多是一种社交，在饭桌上人们可以增进了解，成为朋友。

F：I am sure we will become good friends.

C：我同意。杰克逊先生，来，为我们的友谊和合作干杯。

F：Gan Bei!

（三）词汇拓展

1.菜谱的几种译法

中国饮食文化博大精深，不仅菜肴讲究色香味俱全，而且菜谱名称也非常讲究，常常是四字词语，音形俱佳，富有文化内涵和寓意，这对翻译提出r挑战。翻译菜谱时，首先要让听众知道菜的原料和辅料是什么，可以加上佐料名称和烹饪技术，这样菜谱的翻译公式大概为"原料＋with/in＋佐料"。如果时间允许，最好再解释一下菜肴背后的文化背景。常见的菜谱翻译的方法有音译、直译、意译、转译等。表4-3为菜谱翻译的例子。

表4-3　菜谱翻译的例子

序号	方法	中文	英文
1	原料＋with/in＋佐料	黄焖大虾 鱼香肉丝 宫保鸡丁	braised prawns in rice wine shredded pork in hot sauce diced chicken with peanuts
2	直译	过桥米线	"cross bridge" rice noodles
3	意译	发财好市（发菜、蚝豉）	black moss cooked with oysters
4	转译	凤凰玉米羹（凰：蛋黄）	corn and egg soup
5	结合烹饪方法和刀法	铁扒牛肉 叫花鸡	grilled beefsteak mud-baked chicken
6	拼音＋注释	狗不理包子	"Goubuli" steamed bun

2. 餐馆用餐常用词句

常用词语如下。

（1）主食

黑面包 brown bread

奶油土司 buttered toast

春卷 spring roll

年糕 rice cake

绿豆糕 green bean cake

通心粉 macaroni

阳春面 plain noodle

打卤面 noodles with gravy

米粉 rice noodles

肠粉 steamed vermicelli roll

元宵 rice glue ball

汤圆 glue pudding

粥 gruel/porridge

（2）饮品

烈酒 spirits/strong liquor

酒不加冰块 straight up

酒加冰块 on the rocks

琴酒 gin

白干 white liquor

白兰地 brandy

伏特加 vodka

兰酒 rum

黑啤 dark beer/stout beer

生啤酒 draft beer

威士忌 whiskey

香槟 champagne

佐餐酒 table wine

黄酒 / 花雕酒 yellow rice wine

冰咖啡 iced coffee

牛奶咖啡 white coffee

清咖啡 black coffee

全脂 / 脱脂奶 whole/skim milk

豆浆 soybean milk

酸梅汤 plum syrup

（3）烹饪

烹调术 cookery

爆 quick-fry

焙 roast

煸 stir-fry

熏 smoke

腌 salt

炸 deep-fry

煎 pan-fry

清炒 plain-fry

清蒸 steam

刀功 slicing technique

（4）食材

木耳 fungus

荸荠 water chestnut

山药 yam

芋头 taro

冬菇 dried mushroom

冬瓜 white gourd

苦瓜 bitter gourd

黑枣 black date

红枣 red jujube

毛豆 green soy bean

四季豆 kidney bean

黄豆芽 soybean sprout

绿豆芽 mung bean sprout

金针菇 needle mushroom

韭菜 chives

莲藕 lotus root

蒜头 garlic bulb

香菜 coriander

田螺 escargots

鱼翅 shark fin

鲍鱼 abalone

海参 sea cucumber

海带 kelp/seaweed

海蜇皮 salted jelly fish

干贝 scallops

（5）零食

点心 dim sum

甜点 pastries

棉花糖 marshmallow

牛肉干 beef jerky

牛轧糖 nougat

葡萄干 raisin

（6）佐料

佐料 seasoning

鸡精 essence of chicken

芥末 mustard

咖喱 curry

肉桂 cinnamon

味噌 miso

味精 gourmet powder

鱼子酱 caviar

沙茶酱 barbecue sauce

（7）菜肴

炖牛肉 braised beef

丁骨牛排 T-bone steak

沙朗牛排 sirloin steak

菲力牛排 filet steak

腐乳 preserved bean curd

韩国泡菜 kimchi

酱瓜 pickled cucumbers

腊肉 preserved meat

萝卜干 dried turnip

皮蛋 preserved egg

臭豆腐 bean curd with odor

土豆泥 mashed potatoes

牛尾汤 ox tail soup

肉松 fried pork flakes

什锦色拉 mixed fruit salad with ham

烤乳猪 roast suckling pig

芝麻球 glutinous rice sesame balls

炒蛋 scrambled eggs

荷包蛋 poached egg

煎半熟蛋 over easy

煎两面荷包蛋 over

煎全熟蛋 over hard

煎一面荷包蛋 sunny side up

常用句子如下。

①在这吃还是外带？Sit in or take away?

②莲子表示的是喜生贵子。Lotus seed means having luck in having a baby boy.

③肉和蔬菜一般会切成小块。Meats and vegetables arc generally cut into bite size pieces.

④中国炒菜热量低、营养丰富。Chinese stir-fry is low in calorie and rich in nutrients.

⑤竹笋意寓节节顺。Bamboo shoots means that you wish everything would be good.

⑥海带意寓财富或是发财。Black moss seaweed stands for lots of wealth.

⑦我需要预约吗？Do I need a reservation?

⑧我想要预约今晚7点2个人的位子。I'd like to reserve a table for two at seven tonight.

⑨我们大概需要等多久?How long is the wait?

⑩我们想要面对花园的位子。We'd like a table with a view of garden.

⑪晚餐前需要来点喝的吗?Would you like something to drink before dinner?

⑫餐厅有些什么餐前酒?What kind of drinks do you have for an aperitif?

⑬可否让我看看酒单？May I see the wine list?

⑭我可以点杯酒吗？May I order a glass of wine?

⑮ 我可以点餐了吗？May I order, please?

⑯ 餐厅的特色菜是什么?What is the specialty of the house?

⑰ 我可以点与那份相同的餐吗?Can I have the same dish as that?

⑱ 我想要一份开胃菜与排餐（鱼餐）。I'd like appetizers and meat (fish) dish.

⑲ 我必须避免含油脂（盐分/糖分）的食物。I have to avoid food containing fat (salt/sugar).

⑳ 餐厅是否有供应素食餐?Do you have vegetarian dishes?

㉑你的牛排要如何烹调?How do you like your steak?

㉒全熟（五分熟/全生）。Well done (medium/rare), please.

第二节　礼仪致辞与参展参会

礼仪致辞是指在礼仪社交场合的讲话，包括在宴会或招待会上的祝酒词，欢迎仪式上的演讲词，各种商务会议上的祝贺词等诸如此类的演讲。大部分祝词属于礼节性讲话，但现在越来越多的领导和商务人士利用这些社交场合来阐述自己对经贸合作等问题的看法和态度。所以，祝酒和致辞的重要性取决于它们的实质内容、场合和讲话人的身份。其用语清晰生动，并且具有启发性和煽动性。礼仪口译往往现场气氛庄重严肃，尤其会议或活动的开幕式常常云集了各方主要领导人和各界名人，各类媒体也是常客。

第一，礼仪致辞的类型。

主要包括祝酒词、各种场合的开幕式和闭幕式、祝词和答谢词、招待会、合同签字等。

第二，礼仪致辞的结构。

礼仪致辞属于礼节性讲话，其重要性取决于实质内容、场合和演讲者的身份及地位。致辞开始一般都以 Ladies and gentlemen 称呼听众，结束时一般要以 Thank you 致谢。其大致结构如下：

①称呼观众；

②主办方表达对贵宾参加会议的谢意和对听众的谢意；嘉宾表达被邀请参

加会议的谢意和荣幸或表达对组织者的谢意；

③正文：介绍会议主题：

④详细讲解会议主题；

⑤表达希望并提倡行动：

⑥结尾：在礼仪讲话的结尾部分，讲话人常常要再次向讲话的对象表示感谢。如果是宴会祝酒词，讲话人常常提议为……干杯。

涉外译员礼仪常识。商务礼仪是人际交往的艺术。教养体现细节，细节展现素质。

一般来说，在这种礼宾场合中，口译人员除了要注意语言质量外，语音还要清晰，节奏适当，仪表大方，举止得体。首先，口译员的外在形象要大方得体。通常在正式的场合（国际会议、国事谈判、商务谈判、外事接待等），译员应穿正装。其次，口译员要落落大方，注意感情适度、谈吐适度、举止适度。只有这样才能真正赢得尊重，达到沟通的目的。最后，口译员要起到沟通桥梁作用，熟知文化差异，着重培养跨文化交际能力，做文化译员。

涉外译员语言表达。发言人大多事先准备礼仪祝词，措辞较为讲究，句子结构也较为复杂，译员应尽可能地与发言人联系，熟悉讲话内容。同时，发言人也许来自非英语国家，所以译员要熟悉发言人的发音特点和口音，同时也要了解发言人所属国家的风俗习惯。口译中译员应语音清晰，语调自然，音量、语速适中。

译员心理素质。和其他口译类型相比，礼仪口译内容不确定性更为突出。由于参加会议的领导专家行程紧凑，甚至会临时调整发言的嘉宾，或临时调整发言内容。如果译员仍然使用原来的稿件译文，就会出现怯场，出现大脑空白，失误频繁，甚至出现表述断断续续等严重影响口译质量的情况。这就要求译员有充分的临场经验和过硬的心理素质。

一、礼仪致辞

（一）译前准备

第一段

背景介绍：万国邮政联盟大会开幕式中国领导致辞。

词汇准备如表 4-4 所示。

表 4-4　第一段词汇准备

序号	词汇	翻译
1	万国邮政联盟	Universal Postal Congress（UPC）
2	隆重开幕	grand opening
3	初秋时节的北京，万木葱茏，金风送爽	Golden autumn is embracing Bei-jing?bringing refreshing and pleasant breeze lo the capital city
4	战略和行动纲领	strategies and programs of action
5	在国际邮政史上留下光荣的一页	be remembered as a splendid chap-ter in the annals of the interna-tional postal services
6	祝大会圆满成功	I wish the conference a complete success
7	宣布…开幕	I declare...open

第二段

背景介绍：国际电联秘书长赵厚麟在 2019 年世界电信和信息社会日的英文致辞，题为"缩小标准化差距"。

词汇准备如表 4-5 所示。

表 4-5　第二段词汇准备

序号	词汇	翻译
1	interoperability	互操作性
2	World Telecommunication and Information Society Day	世界电信和信息社会日
3	ITU（International Telecommunications Union）	国际电联
4	standardization	标准化

| 5 | ICT | 信息通信技术 |
| 6 | SME（small and medium enterprises） | 中小企业 |

（二）发言全文

听下列演讲，进行英中口译。

第一段

下面是万国邮政联盟大会开幕词。

各位嘉宾，女士们、先生们：

初秋时节的北京，万木葱茏，金风送爽。今天，第 22 届万国邮政联盟大会将在这里隆重开幕。这是万国邮政联盟成立 125 年和中国加入万国邮政联盟 85 年来，首次在中国举行这样的大会。我代表中国政府和中国人民，并以我个人的名义，向大会致以衷心的祝贺！向与会的各国代表和来宾表示诚挚的欢迎！

人类即将迈入新的世纪。在这样的时刻，大家共同探讨面向二十一世纪邮政发展的战略和行动纲领，其意义十分重要。我相信，这次大会将在国际邮政史上留下光荣的一页。……

最后，预祝大会取得圆满成功。祝各位在北京度过愉快的时光。

现在，我宣布：第二十二届万国邮政联盟大会开幕！谢谢！

第二段

Bridging the Standardization Gap

ITU Secretary-General Houlin Zhao's Message on World Telecommunication and Information Society Day

On 17 May, we will be celebrating the 50th World Telecommunication and Information Society Day.

This year, we will focus on "bridging the standardization gap".

Setting standards is a fundamental pillar of ITU's mission as the specialized agency of the United Nations for information and communication technologies.

You want to connect to the internet, enjoy a sports event on TV, listen to radio in your car or watch a video on your smart-phone? ITU standards make it possible.

The upcoming 5G standards9 especially if coupled with artificial intelligence9 will support a new range of applications which we will soon take for granted: from self-driving cars to safer and smart cities.

ITU standards ensure interoperability, open up global markets and spur innovation and growth. They are good for developed and developing countries.

They help accelerate ICTs for all Sustainable Development Goals.

I call upon ITU Member States, industry members, small and big companies and academia, together with UN sister agencies, our partners and all stakeholders, to support ITU's "Bridging the Standardization gap" programme and prosperity and well-being for all.

Thank you.

（三）词汇拓展

礼仪致辞常见语句如下。

①海内存知己，天涯若比邻。Long distance separates no bosom friends.

②不辞辛苦远道而来。Come in spite of long and tiring journey.

③发表热情友好的讲话。Make a warm and friendly speech.

④我们为能在我校接待如此优秀的青年团体而深感骄傲和自豪。We are very proud and honored to receive such a distinguished group of young people at our university.

⑤请允许我向远道而来的贵宾表示热烈的欢迎和亲切的问候。Please

allow me to express my warmest welcome and gracious greetings to our distinguished guests coming from afar.

⑥我预祝大会圆满成功！I wish the conference a complete success!

⑦今天我们很高兴在这里欢聚一堂，在金秋十月美丽的北京有幸举办这次会议，我谨代表……向……表示最热烈的祝贺。同时，我也想对……选择北京科技中心来主办这个会议表示衷心的感谢。我还想对许多尊贵的来宾和朋友不远千里参加此次会议表示感谢。

It is a good pleasure to join you all today. The beautiful city of Beijing is very lucky to be able to host the conference during this golden month of October. On behalf of...I would firstly like to extend my warmest congratulations to....At the same time, I would also like to express my sincere thanks to...for choosing Beijing Science and Technology Center as the conference venue. We also thank honorable guests and friends who have traveled so far to come to this conference.

⑧回顾过去，我们无比自豪，展望未来，我们信心百倍。让我们同心同德，再接再厉，抓住机遇，携起手来，为……做出新的贡献，并为……而奋斗，共同开创……的新局面。祝愿这次大会取得圆满成功！We feel profoundly proud of the past and immensely confident about the future. Let's work together unremittingly and capitalize on every opportunity. Let's join hands and endeavor to make new contributions to...and strive for...and open a new chapter in....We wish the conference much success!

二、参展参会

（一）译前准备

背景介绍：商务洽谈的初步阶段、讨价还价阶段和签订合同阶段。词汇准备如表4-6所示。

表4-6 参展参会的词汇准备

序号	词汇	翻译
1	quote	报价单
2	brochure	宣传册
3	negotiation	谈判
4	trial order	试购
5	dispatch	派遣；分派
6	shipment	装运，装船
7	freight	运费
8	balance	余额

（二）对话全文

听下列对话，进行中英、英中交替口译。（中方为C；外方为F。）

Dialogue 1

Scenario：initial business talk.

C：您好！我是销售代表王雷，有什么可以帮您？

F：Hi！I'm interested in your range of sweaters.Could I look at your samples?

C：当然可以，我陪您到处看看，边走边讲解我们的产品。这些产品在国内外很受欢迎。

F：That'll be great.

C：右边是我们的最新产品，您是否愿意先看看货？

F：Quite interesting, this is the style I am looking for. I low about the prices?

C：这是价格表。

F：Thank you. What about delivery time?

C：我们收到订单后几天之内即可发货。

F：Can I have the catalogue for all styles?

C：好的。给您。

F：I'll come again tomorrow.

C：好的，明天见。

Dialogue 2

Scenario：bargaining in negotiations.

C：我们开始吧？

F：Sure.I have read through the materials of your company and found the price you quote is too high.

C：俗话说一分钱一分货，如果您考虑一下质量，就会觉得我们的价格是非常合理的。我们用的原材料是最好的，而现在全国物价都在上涨，原材料成本也上涨了。

F：Why not try meeting each other half way?

C：如果你们订单下得大一些，我们价格也可以更优惠。

F：We would like to order 50 000 sweaters.As far as a trial order is concerned, the quantity is by no means small.And generally speaking, people profit from a trial order.1 hope you understand.

C：好吧，因为这是我们的第一次交易，我们同意给您9折优惠价。

F：Good, I can accept that.And, I'd like to know your usual way of packing.

C：我们用纸箱，内衬防潮纸，外打铁箍两道。

F：Sounds all right.

C：贵方希望怎样发货，铁路还是海运？

F：By sea, please.And we can assume freight.

C：太好了。

F：When can you effect shipping?

C：我们最晚在今年12月或明年年初就交货。

F：That's good.

Dialogue 3

Scenario：signing the contract.

C：这是草拟的合同，请您过目。

F：OK.

（F看合同。）

C：看完了吗？

F: Yes, I have got one question about Clause 7.Arc these the terms we agreed on?

C：是的，我们来看看。

F: 20 percent down and the balance at the time of shipment?

C：是的。

F: I'll need a few minutes to check over my notes again.

（F查阅谈判记录。）

C：如果您有什么意见的话，请提出来。

F: OK, that's all right.1 have no questions.

C：我们现在可以签合同了吗？

F: Sure.Where shall I put my signature?

C：最后一页上。我们签署两份文本，一份中文，一份英文，两份具有同等效力。

F: OK.1 hope this will lead to further cooperation between us.All we have to do now is shake hands.

C：好的，谢谢您！

（三）词汇拓展

1.国际展会常用术语

① convention 泛指大型会议、展览

② convention center 会展中心

③ attendee brochure 分发给展会观众的宣传资料

④ attendee 参观展会的人（不包括参展商）

⑤ booth personnel 展台工作人员

⑥ contractor 为展览会组织者、参展商提供服务的服务供应商

⑦ demographics 参展商和观众的统计数据

⑧ demonstrators（展位上的）演示和讲解员

⑨ display rules&regulations 展会规则

⑩ exposition 博览会

⑪distributor show 分销展（由某一个批发商举办，参展商都为该批发商的供应商，而参观展会的人一般为批发商的客户）

⑫exhibit manager 展品经理（主要负责展品，区别于负责展会全部事物的展览经理）

⑬exhibitor lounge 参展商活动室

⑭exhibitor newsletter 参展商通讯录

⑮exhibitor prospectus 展览会组织者发送给现有及潜在参展商的展览会介绍材料

⑯permanent exhibit 长期性展览

⑰press kit 袋装展览会新闻资料

⑱press room 新闻中心

⑲public show 指面向普通公众开放的展览会，观众通常需要买票进入

⑳service desk 设在展会现场、供参展商订购各种服务的服务供应处

㉑ show break 展会结束和开始撤展的时间

㉒show directory 展览会会刊,包括参展商名单、摊位号、展馆位置及图示,上面还常登录广告

㉓ show-within-a-show 套展（指一个有自己独立名称和主题的展览会,在另一个相关的大型展览会内举办,成为其一部分）

㉔ space rate 摊位租金

㉕ sponsorship 展会赞助

㉖ subcontractor（展览服务）分包商

㉗ hospitality area 会客区

㉘ on-site registration 现场注册

㉙ international traders 国际买家

㉚ pre-registration 优先登记

㉛ shuttle service 接送服务

㉜ group visitors 团体参观者

㉝ trade agreement 贸易协议

㉞ business cards for registration 名片登记

㉟ delegate（会议）代表，可泛指参会人

㊱ off-site program 正式会议活动外的行程

2. 展会搭建常用术语

① booth 展位

② booth area 展位面积

③ backdrop 背景板

④ sales literature 宣传材料

⑤ poster 海报

⑥ panel system 拉网展架

⑦ X stand X 展架

⑧ pamphlet 小册子

⑨ brochure display 资料架

⑩ slogan 标语，口号

⑪ exhibit directory 参观指南

⑫ reception desk 接待台

⑬ move-in 展台搭建、布展期

⑭ truss 桁架

⑮ move-out 撤展期

⑯ fireproof board 防火板

⑰ multiple-story exhibit 多层展台

⑱ giveaway 免费样品

⑲ layout 会场布局图

⑳ public address system 展厅广播设备

㉑ exhibitor manual 参展商手册

㉒ floor plan 展馆平面图

㉓ exposition manager 展厅经理

㉔ exhibit designer/producer 展台设计／搭建商

㉕ floor load 展馆地面最大承重量

㉖ installation&dismantlement 展台搭建和撤展

㉗ installation contractor 展台搭建服务商

㉘ outside exhibit 室外展台

㉙ transient space 临时摊位

㉚ double-decker 双层展位

㉛ aisle carpet 通道地毯

㉜ peninsula booth 半岛展位（展位背对通道顶端，其他三面都是过道）

第三节　商贸洽谈与商务谈判

无论是在工作还是个人生活中，谈判无处不在，它可能发生在谈判桌边就价格、绩效或合伙创业的复杂条款展开的正式谈判，也可能是对一桩很简单的生意或很杂乱的争论进行谈判。在所有成功的谈判中，谈判双方都必须具备一个基本框架：

谈判协议的最佳替代方案是什么？谈判结果的最低限度是什么？

双方愿意有多大的灵活性，确切地说，就是双方愿意接受的折中方案是什么？

在建立这个谈判框架时，有三个概念是非常重要的：谈判协议最佳替代方案、保留价格和可能达成的空间。最佳谈判替代方案是指如果目前的谈判没有成功，你对应该做什么和将要发生什么心中有数；保留价格是谈判中所能接受的最低价格或条件；可达成协议的空间是指可达成一桩交易的空间。

在涉外商务谈判中，还有文化差异的问题。谈判前要了解可能出现的文化差异，谈判中要正确处理文化差异，谈判后因文化差异要搞好后续交流。

商务谈判是有其特点和原则的：商务谈判是以获得经济利益为目的的；商

务谈判是以价值谈判为核心的；商务谈判注重合同条款的严密性与准确性。在谈判中了解对方的特点是谈判必备的常识，同时要做好谈判前的准备工作，预防谈判中发生冲突，谈判中要恰当运用谈判策略。商务谈判中一般有四个探测的技巧，分别是：火力侦察法、迂回询问法、聚焦深入法和示错印证法。谈判的流程一般有四个：调查研究和计划、展示、讨价还价、签署协议和取胜。在谈判中，有三大进程：申明价值、创造价值和客服障碍。另外，商务谈判还需要五大基本功：保持沉默、耐心等待、适度敏感、随时观察、亲自露面。在商务谈判中，要注意谈判的语言技巧：使用针对性强的语言、表达方式婉转、灵活应变、恰当使用无声的语言。语言的效应有三点：语内效应、语外效应和语后效应，商务谈判注重后两者。在谈判中还有注重礼仪的问题。商务谈判有进攻型和防守型两种策略。进攻型策略旨在取得主动权，包括：提问、让对方显得无理、将对方引向相反的方向、利用借口、善于发现对方的利益所在、积极有效地提出己方的观点、"正确答案策略""最佳答案策略"。防守型策略包括尽量少做反应并假装误解、提出反问、无价值的条款和有技巧地揭穿不正当手段。

翻译人员在国际商务谈判中占有特殊地位，他们常常是双方进行沟通的桥梁。翻译要能够准确地传递谈判双方的意见、立场和态度。翻译工作做得优秀往往是促使双方谈判保持顺畅愉快的"助动力"；反之，翻译质量低劣，则往往是许多误解与争执的主要起因。而且，即使在谈判的代表都具有运用对方的语言进行交流能力的情况下，利用翻译提供必要的重复机会，争取更多思考时间的做法也常常被谈判者所运用。国际商务谈判是一种严肃认真而又颇费时间的谈判，一方稍有不慎就会造成一言既出、驷马难追的局面，而谈判高手却能将国际商务谈判中存在的语言障碍和文化差异等不利因素转化为有利因素，充分利用翻译过程来达到深思熟虑，反复推敲的目的。可见翻译人员是谈判小组中不可缺少的重要人员。

商务口译的内容和题材可谓五花八门，商务口译工作者不但要熟悉商务谈判的程序，还要不断丰富和积累商品知识。

商务口译的工作场景大体上有三类：第一类是客商参观或视察公司的生产

车间或生产基地，也可能是外方技术人员来华安装或调试引进的设备。采用的口译方式通常为交替传译，不太可能按照平时的习惯做口译笔记，口译人员可以大胆地要求讲话人重复或解释。第二类是商务洽谈。翻译采用交替传译的方式。在两个人之间进行的洽谈，译员一般可坐在两者中间靠后的位置。如果洽谈双方是在两个商务代表团之间进行的，而对方也配备了自己的翻译，译员一般坐在主谈人的右手边。第三类是项目推介会或新产品发布会。一般情况下，采用交替传译的方式，有时候也会使用同声传译。如今发言人多使用名媒体设备，如 PowerPoint，在这种情况下，可以少做或不做笔记，而是紧跟发言人思路，结合屏幕上的内容进行口译。另外，以上三类商务口译的场景，都有要求译员做视译的可能。视译即边看文字材料边将其内容口译出来。

商务谈判对译员的要求比较高，在此我们细致了解一下商务谈判译员的素质和必须具备的工作能力。

其实翻译要真正达到"信、达、雅"的标准，在国际商务谈判中，是比较困难的。所以国际商务谈判对译员也提出了很高的素质要求。翻译工作质量高，对于保证谈判的顺利进行具有举足轻重的作用。

翻译人员应注意平时的积累，注意了解有关国家的历史、文化、宗教、社会习俗等背景知识，这对于帮助中外双方沟通具有重要作用：翻译人员还要经常读一些外文原版书刊、各种文献资料，及时了解最新科技、商情动态，这样放宽眼界、增长见识、处理各种问题的经验也会增加。

一、商贸洽谈

（一）译前准备

背景介绍：海尔公司和开利公司有关空调产品的商务洽谈。词汇准备如表4-7所示。

表 4-7　商贸洽谈的词汇准备

序号	词汇	翻译
1	满汉全席	the Man I Ian banquet, the most typical local cuisine combining Manchurian and Chinese delicacies

2	Letter of credit（L/C）	信用证
3	R&D	Research and Development，研发
4	吉祥数字	auspicious number
5	terms of payment	付款方式
6	irrevocable letter of credit payable against shipping documents	不可撤销的、凭装运单据付款的信用证
7	各让一步	meet half way
8	付款交单	documents against payment

（二）对话全文

听下列对话，进行中英、英中交替口译。（中方为 C；外方为 F。）

Dialogue 1

Scenario：initial talk.

C：欢迎来到海尔！我是海尔公司的 CEO 严昊涵。

F：Thanks!Pm Larry, the general manager of Carrier Corporation.

C：您现在来北京正是时候，十月的北京气候适宜。不知您是否适应这边的饮食？

F：Indeed, we are also impressed with the fascinating scenery and exquisite dishes.

C：今晚，我们为您安排了本地最具代表性的晚宴——满汉全席，期待您能赴宴。

F：Thank you very much!I'm pleased to receive your invitation. Your company has received a favorable reputation.We hope we can settle the deal through this negotiation.

Dialogue 2

Scenario: bargaining.

C：好的，那我们开始吧？

F：Sure.

G: 看来贵公司提供的新型空调很符合我方的采购要求,请问贵方报价如何？

F: 600 U.S. dollars per set.

C: 贵方的报价实在是太高了，这远远超出我们的财政预算。

F: Mr. Yan, you'll find our price very reasonable if you consider the high-tech quality of our prod net.

C: 非常合理？贵方的报价如此离谱，我实在怀疑贵方的诚意。我们所能接受的价格为 400 美元一台。

F: We really cannot take your offer. We've invested huge amounts of labor, resources and funds in R&D in this product. However, to show our sincerity, we could lower our price to 500.

C: 我们已经感受到了您的诚意。我们有意订购 2 000 台，不知贵方可否将价格降到 450 美元？

F: Considering the costs we've paid, 480 is really our bottom line.

C: 虽然贵方已经做出一定的让步，但是此价格我方仍然难以接受。如果我们把订单提高到 3 000 台，您看 460 美元能接受吗？六在中国也是个吉祥数字。

F: Alright. We can take that. Hopefully this deal will bring us good fortune. Well, we've settled the price. Let's talk about the terms of payment?

C: 好的！

F: We only accept payment by irrevocable letter of credit payable against shipping documents.

C: 我明白了。您能不能破例接受承兑交单或付款交单？

F: I'm afraid not. We always require a letter of credit for our exports.

C: 老实说，信用证会增加我方进口货的成本。要在银行开立信用证，我得付一笔押金。这样会占压我的资金，因而会增加成本。

F: You could consult your bank and see if they will reduce the required deposit to a minimum.

C：我们都各让一步．货价的百分之五十用信用证，其余的采用付款交单，您看怎么样？

F：Alright, we can do that.

C：这很合理。我们已谈妥大部分的合同条款，贵方是否有疑问？

F：We've reached agreement and expect further cooperation.

（三）词汇拓展

1. 商务洽谈简介

商务洽谈活动是在经济活动中，洽谈双方通过协商来确定交换各种条件的一项必不可少的活动，它可以促进双方达成协议，是双方洽谈的一项重要环节。商务洽谈是双方相互调整利益，减少分歧，并最终确立共同利益的行为过程，主要包括准备、价值传递、讨价还价、促单、定案五个阶段。

2. 签约常见语句

① Our foreign trade policy has always been based on equality and mutual benefit and exchange of needed goods.

② 我们的对外贸易政策一向是以平等互利、互通有无为基础的。

③ We have adopted much more flexible methods in our dealings.

④ 我们在具体操作方法上灵活多了。

⑤ We have mainly adopted some usual international practices.

⑥ 我们主要采取了一些国际上的惯例做法。

⑦ How would you like to proceed with the negotiations?

⑧ 您认为该怎样进行这次谈判呢？

⑨ Let's move on to what makes our product sell so well.

⑩ 我来说一下我们产品销量好的原因。

⑪ Our service, so far. has been very well-received by our customers.

⑫ 到目前为止，顾客对我们的服务质量评价很高。

⑬ I low about feedback from your retailers and consumers?

⑭ 你们的零售商和消费者的反映怎样？

⑮Could you tell me some more about your market analysis?

⑯ 请多介绍一下你们的市场分析好吗？

⑰Yes, our market analysis tells us our prime users will be between 5 and 50. 好的，市场分析表明，我们的产品主要使用者年龄将在 5 至 50 岁。

⑱How soon can you have your product ready?

⑲ 你们多久才可以出货呢？

⑳We are always willing to cooperate with you and if necessary make some concessions.

㉑我们总是愿意和您合作的，如果需要还可以做些让步。

㉒We'd like you to consider our request once again.

㉓希望贵方再次考虑我们的要求。

㉔ We'd like to clear up some points connected with the technical part of the contract.

㉕我们希望搞清楚合同中技术方面的几个问题。

㉖The negotiations on the rights and obligations of the parties under contract turned out to be very successful

㉗有关合同各方的权利和义务方面的谈判非常成功。

㉘ We can't agree with the alterations and amendments to the contract.

㉙我们无法同意对合同的变动和修改。

㉚ We hope that the next negotiation will be the last one before signing the contract.

㉛希望下一轮谈判后就可以签订合同了。

㉜ We don't have any different opinions about the contractual obligationsof both parties.

就合同双方要承担的义务方面，我们没有意见。

二、商务谈判

随着贸易双方对彼此的了解进一步加深，双方为了达成某种实质性事务而面对面进行的圆桌会议，就是谈判。谈判的结局有三种：完成既定的目标，谈判成功；没有达成合作意向，谈判失败；部分达成协议，还需多轮次谈判，本轮谈判中止，等待下轮进行。无论谈判结局如何，我们都不能以完成任务，或以一锤子买卖为最终目的，而要以人为本，本着以诚相待的合作态度，达到双方互利共赢的目的。

谈判的原则是合作、竞争、平等、共赢。一次成功的谈判绝不是一方赢了或输了，成功的谈判是双方都达到了各自的目的。

（一）任务描述

商务谈判是指人们为了协调彼此之间的商务关系，满足各自的商务需求，通过沟通、协商、协作、合作、讨价还价等谈判方式，争取达成某项商务交易的行为和过程。

（二）任务目标

本着真诚合作、互利、互让、共赢的原则，达到双方的满意。即使生意做不成，也要建立双方良好的互信关系，争取更广泛的合作前景。

（三）知识准备

Introductions:

This is....He's in charge of...

He looks after...

He's our...Director/Manager.

Let me introduce you to...

Have you met...？She's just taken over as head of...

介绍：

这是……，他负责…他负责…

他是我们的…总监／经理。让我把你介绍给…

你有见到过…？地刚刚接管了……

Starting the negotiation:

I wondered if I could start by saying...

We're short of time, so let's get started...

We've got a very full agenda, so perhaps we'd better get down to business.

开始谈判：

不知我是否可以……从开始说。

时间不多了，我们开始吧……

我们拿到的议程非常完整，所以

最好言归正传吧。

Small talk:

Did you have a good journey?

How was your flight?

Is this your first visit to... ?

Is your hotel comfortable?

短对话：

你的旅途愉快吗？

你航班怎么样？

这是你第一次来……？

酒店住得还舒服吗？

Objectives:

We're here today to...

The main objective/purpose of today's meeting is...

We're looking to achieve.

目的：

我们今天在这里……

今天会议的主要目标是······

我们正在寻求实现······

Negotiating the agenda:

Let s just identify the key issues.

Shall we look at...first?

Perhaps we should consider...first.

We see two/three important issues...Would you agree?

If I understand correctly, you' re interested in...

谈判议程的讨论：

我们来确定关键问题。

我们先看看······怎么样？

也许我们应该先考虑······

我们有两／三个重要问题······

你们同意吗？

不知我是否理解对了，你对······感兴趣。

Procedures:

We ll deal with...first...

We' ll go round the table.

We' ll have a question and answer session at the end.

We can table that for discussion later.

谈判议程：

我们首先会处理······

我们会逐个发表意见。

我们最后会有一个问答环节。

我们可以稍后讨论。

Asking questions and showing interest:

I d be interested to know more about...

Could you tell us something about...

提出问题并表示兴趣：

我想了解更多关于……

你能告诉我们一些关于……

Managing questions:

Can 1 deal with that later?

I was just coming to that.

Could I just finish what I was saying?

提出问题：

那个问题我能稍后处理吗？

我刚刚正说……

我能结束刚刚说的话题吗？

Considering what they already know:

You've all seen our brochures/proposal offer.

I think you ve all had a chance to read our...

I don't want to go over the same ground.

考虑到他们已经了解的内容：

你们都已经看了我们的产品册／报价。

我想你们都已经看过了我们的……

我不想再重复同样的内容了。

Use of negatives for modifying:

It won't be too expensive if... (It will be cheaper.)

Cutting here will not be too critical. (It will be fine.)

It won't take so long if... (It will be quicker.)

反语修饰：

如果……不会太贵（会更便宜）。

停在这里不会太突兀（挺好的）。

如果……不会花费太长时间（会更快）。

Use of "I'm afraid":

I'm afraid your prices are a bit high.

I'm afraid we can't offer any more than that.

"恐怕"的用法：

恐怕你们的报价太高了。

恐怕我们不能再做让步了。

A bit/just/a little:

If you could just offer us...

That sounds a bit too risky.

I think those figures are a little optimistic.

We need a little bit more time/money.

一点儿 / 仅仅 / 稍微：

如果你们能给我们出……的价格。

那听起上去对我们来说风险太大了。

我想这个数字对我们来说太过乐观了。

我们需要更多的一点时间 / 钱。

Responding positively:

Good idea.

That sounds fine.

I go along with that.

积极回应：

好主意。

听起来不错。

我赞同。

Negatively：

（I am afraid）that's not possible.

We can't do that.

That is/would be out of the question.

I am afraid that I couldn't agree to that.

否定语气：

（恐怕）不行。

我们不能那样做。

那是不可能的。

恐怕我不能同意这一点。

Grammar point：

We will have to cancel if you don't offer us something better.

We won't be doing business with you unless we get a substantial discount.

we get a substantial discount.

We would offer you one percent if guaranteed payment within thirty days.

We couldn't guarantee payment unless promised a firm discount.

语法点：

如果你们不给我们更好的东西，我们只好取消订单了。

除非我们得到实质性的折扣，否则我们不会和你们做生意。

you 如果你方保证在三十天内付款，我们将向你方提供百分之一的折扣。

you 除非你方承诺给予折扣，否则我们无法保证付款。

（四）任务实施

任务一：谈判前的准备

情境：法国的一家农产品贸易公司 France Sunshine Agricultural Company 到中国来进口一些农产品，如花生、大米和豆子等在法国市场上进行销售。

中国洛西农产品进出口公司（China Luoxi Agricultural Products Import and Export Company）所经销的农产品质量上乘，相应地，该公司所经销的农产品价格与其他竞争对手相比要高一些。

France Sunshine Agricultural Company 希望能够从中国洛西农产品进出品公司进口一些农产品，因为该公司所经销的农产品质量好，但是价格却比较高。在进行正式谈判前，法方的两名谈判人员正在商量如何找到突破口，各自在谈判中的角色以及谈判中所涉及的具体事项。

人物：

John Smith：France Sunshine Agricultural Company 的总经理，他坚持要降低中方的报价，希望双方能够在谈判中找到突破口。

Helen Cunningham：Erance Sunshine Agricult ural Company 的项目经理．负责与中方的具体联络，她关注价格、交货期和付款条款等具体事项。

对话（口译略）：

（谈判还未开始，Smith 和 Helen 在会议室喝咖啡，谈论他们为此次谈判所做的准备工作。）

Smith：Luoxi Company is a very big company. They have been in existence for more than 16 years. And I heard from other companies that their products are very high in quality.

Helen：Well, examining their mailed samples, our experts find that their quality is good indeed. But as a matter of fact, their prices are just too high, we cannot accept them.

Smith：Thai is the objective of our negotiation.

Helen: Maybe it's gonna be too hard for us.

Smith: Everything is possible if we touch them in the right way. We also have our particular advantage. What we have in our hand are the European expanded markets.

Helen: Well, this is the quantity. And this, right here, might be the breakthrough of their pricing.

Smith: I think so. But wc have to sec their responses as well.

Helen: I am also kind of worried, here, about their delivery. You see, 3 months, it is just too long. Thai really delays every possibility for us.

Smith: That's true. And the payment terms...

Helen: Well, this is our first agreement with them. I am afraid they may not accept D/P or else.

Smith: Since Luoxi is a big company with a long history, I think it is possible that we can find breakthroughs in the negotiations. You will be responsible for the details and I will take care of the direction of this

negotiation. And 1 think they are keen to work out the case. Don't worry.

Helen: I hope so!

分析：在进行正式谈判前，谈判各方的人员都应当根据各方谈判的目的达成一致意见，商量好谈判的方法、策略和进退的底线。我们在这个视频中看到 Smith 和 Helen 他们双方均认可中国洛西公司的农产品质量，但是中方的报价却比较高。为了能够拿到比较优惠的报价，他们商量了谈判的策略，如潜在的欧洲市场，以达到他们降价的目的。同时他们也谈到具体的支付方式和交货期的问题。总之，在谈判前各方的谈判人员拧成一股绳，达成一致意见，才能确保谈判的顺利进行。

任务二：谈判前双方的见面

情境：法国 France Sunshine Agricultural Company 希望与中国洛西农产品进出口公司建立业务往来，从中国进口花生、大米和豆子等农作物销售到欧洲市场．为此，法方两名谈判代表专程从法国飞往中国西安来洽谈合作意向。

人物：

John Smith：France Sunshine Agricultural Company 的总经理，他曾经在当年的八月份在法国巴黎的农产品博览会上见过中方代表吴经理。

Helen Cunningham：France Sunshine Agricultural Company 的项目经理，第一次到中国来洽谈业务。

吴经理：中国洛西农产品进出口公司的副总经理，曾经在八月份在巴黎见过 Smith 先生。

朱经理：中国洛西农产品进出口公司的项目经理，负责与法方谈判具体事宜。

对话（口译略）：

（见面寒暄的场景）

吴经理：Good morning, Mr. Smith, how nice to see you again.

Smith：I'm also very glad to see you again. You look better this time.

吴经理：Really? I am glad to hear that. Last time we met each other in Paris Agricultural Products Expo in August this year. Right?

Smith：Yes, exactly at that time. It was so hot in Paris at that time!

吴经理：Yes! I remembered that!-

Smith：Well, this is Helen Cunningham, she is our project manager. Helen: Nice to meet you.

吴经理：Nice to meet you too! This is a very good opportunity for us to know each other. And this is our project manager Ms. Zhu, and her English name is Beth.

朱经理：Nice to meet you too!（和 Smith 及 Helen 握手。）

Smith：（向朱经理伸出双手）Nice to meet you.

Helen: Nice to meet you.

吴经理：I hope we will have a good day today!

分析：很多人想当然地认为谈判只是就事论事，直奔主题，谈完就结束了。殊不知谈判前的接待寒暄对双方之间的相互了解会起着相当重要的作用，能够缓和紧张的气氛，增进彼此的交流和情感，有时甚至关系到谈判的成败。从视频内容我们可以看出，双方在商务上的接洽需要很自然地促进彼此之间的关系，而不应该一见面就直接进入主题。操之过急势必会影响双方之间的合作和以后的关系。谈判各方的相互介绍既是对对方的了解，也是对对方的尊重，必不可少。寒暄过后再进入主题，不仅不影响谈判，反而会促进相互关系的和谐。

任务三：询价和报价的谈判

情境：Bill Smith 是农业产品进出口总公司的一名业务经理，他正在中国进出口交易会上寻找中国的农产品合作伙伴。最后，他在中国农业产品进出口总公司的展台前停了下来。Bill Smilh 与彦经理见面之后，彼此介绍了自己，两人都对彼此的公司感兴趣，这时 Bill Smith 询问彦经理中国公司的产品和相应的价目，彦经理把产品目录和价格表交给了 Bill Smith。Bill Smith 在经过一番仔细研究后，重新回到了展会大厅。

人物：

Bill Smith：农业产品进出口总公司的一名业务经理。

彦经理：中国农业产品进出口总公司的出口部经理。

对话一：

彦经理：请问，您觉得我们的产品怎么样？

口译：Well, what do you think of our products?.

Smith: We are interested in some of your items. It seems to me that Art No. 1, 3, 6 and 8 are suitable for our market. But it seems that your prices are on the high side. The prices offered by your sister corporations are 5% lower. I should say it would be hard for us to push sales at such high prices.

口译：我们对于你们的一些产品感兴趣。对我来说，第1，3，6，8号产品适合我们的市场。但是对我来讲你们的价格高了。你们兄弟公司的报价要比你们低5%。这样一种高价不利于我们推销贵方的产品。

彦经理：听到这些我很遗憾。但是您可能也明白在过去的几个月中，劳动力和原材料的成本以惊人的速度增长，而我们的价格却保持不变。可能我们的报价和您从别处得到的报价相比还要更优惠一些。

口译：I am sorry to hear that. But as you arc pro ba bly aware that the costs of labor and raw materials have gone up tremendously during the past several months while our prices remain unchanged. Maybe the prices we offer compare favorably with any quotations you can obtain elsewhere.

分析：

①史密斯先生在这里首先肯定了自己对于对方的产品感兴趣。"but"一转，就说出了自己的担忧，即价格问题，而且表明了价格高会出现的结果。注意"Art No."是"article number"的一种简称，是商品型号或商品货号的意思。"sister corporation"没有必要翻译成"姊妹公司"，就按照中文常用的理解翻译成"兄弟公司"即可。

②"很遗憾"不要翻译成"regretful"，因为"regretful"有后悔的意思。"以惊人的速度增长"在这里"tremendously"用得比较好，表示"非常地""可怕地""惊人地"。"elsewhere"一词包含了其他所有的报价渠道。

对话二：

Smith：1 am afraid I can't agree with you there. Your offers are higher than most of the other quotations 1 have received from your competitors in other countries..

口译：恐怕我不能同意你的观点。你们的报价与我从其他国家得到的大多数报价相比要高。

彦经理：史密斯先生，在农产品市场您一定具有较大的销量。您不应该只注重价格，也需要看一下产品的质量。我们农产品不仅质量好而且味道也一流。

口 译：Mr. Smith, you must have a good sale on the line. You should not only focus on price, but must take the quality into consideration as well. Our agriculture commodities are not only superior in quality but. also attractive in taste.

Smith：You may have something there, but the price gap should not be so big.

What I want is your prices to be comparable to others. I think iTs reasonable.

口译：你们的产品一定有好的地方，但是报价的差距不应该太大了。我所需要的是你们的报价能够与其他家的报价相当就可以了。我认为这是合理的。

彦经理：为了能够促成我们双方的首次合作，我们可以考虑在价格上做些让步。但是，首先贵方得告知你们将从我们这里购进的大概的数量，我们可以在价格上做些相应的调整。

口译：Well, to start the ball rolling, we may consider making some concession in our price. But, first of all9 you'll have to give us a rough idea of the quantity you wish to order from us, so that we can try to adjust our prices accordingly.

Smith：The size of our order depends on your price, so it would not be easy for me to tell you the exact quantity without having the prices fixed. But we are sure that our order will be substantial if your prices are reasonable. Therefore let us fix the price, OK?

口译：我们的订购数量取决于你方的报价，如果价格无法确定的话，我不好告诉你方一个确定的数量。但是我们可以保证，如果贵方价格合理的话，我们的订购数量会很大。所以说我们双方需要确定价格，可以吗？

彦经理：事实上，我们的报价要基于贵方的订购量。如果贵方的定量合适的话．我们可以把我们的报价降低4%。这是我们所能做出的最大限度的降价。

口译：In fact, our prices depend upon the quantity of your order. If your order is suitable enough, we are ready to reduce our prices by 4%. This is the maximum reduction we can afford.

Smith：1 see.1 need to consult my home office before settling the prices.

口译：我明白了。我需要与公司总部商量一下以确认价格。

分析：

①"I am afraid"是史密斯先生在很婉转地表达个人的意见，可以译为"恐怕……"，或者"不好意思，我不敢苟同"等。

②"You may have something there."的意思是"你们的产品肯定有好的地方和优势之处"。"be comparable to others"不是和别的厂家相比的意思，这里指"价格相当

③"to start the ball rolling"是一个暗喻的修辞手法，在商务谈判中会经常遇到，表示"为了促成合作"的意思。同时彦经理提出要史密斯先生给出来一个订购的量。

④"The size of our order depends on your price, so it would not be easy for me to tell you the exact quantity without having the prices fixed. But we are sure that our order will be substantial if your prices are reasonable. Therefore let us fix the price, OK?"从本句可以看出史密斯先生是一个谈判老手，在这里他又一次把球踢给了彦经理一方，而且做出承诺，如果价格合理，订购的量将会非常巨大。在这里"subsumiial"是订货量巨大的意思。

⑤reduce...by...指的是降低的价格幅度。"afford to do sth."是指"支付做……事，买得起"的意思，在这里它的意思有些变化，指"给予""提供

任务四：付款条款的谈判

情境：Bill Smith 正在与来自中国食品进出口总公司的王经理谈一批订单的支付方式。

对话：

Smith：Now Manager Wang. I am glad that wc will soon conclude the deal with you. We have settled all major questions about quality, quantity, price, and insurance except terms of payment. What are your terms of payment?

口译：王经理，很高兴我们能够与贵公司达成该交易。除了付款条款以外，我们已经谈妥了关于质量、重量、价格、保险等主要问题。你才准备采用何种付款方式？

王经理：在合同样本中规定，我们需要贵方开具以我方为受益人的，在向贵方提交了装船单据后即可支付的保兑的、不可撤销的信用证。

口 译：It is stated in the specimen contract that we require payment by confirmed irrevocable L/C in our favor payable against presentation of shipping documents.

Smith：Are there any alternatives? Could you make an exception in our case and accept D/P or D/A?

口译：还可以有其他的支付方式吗？贵方能否破例在我们的合同中接受 D/P 或者 D/A 的支付方式呢？

王经理：恐怕不行。贵方知道我们通常的做法是只接受即期的信用证付款。

口译：I'm afraid that's out of the question. You know our usual practice is to accept payment by sight L/C only.

Smith：To he frank, opening a letter of credit will not only increase our cost but tie up our money because we will have to pay at a margin.

口译：说实话，开具信用证不仅仅增加了我们的成本，而且因为要支付保证金又要占押我们的资金。

王经理：这是可以理解的，但是对此我们毫无办法。为何不和你们的银行商议一下，请求它们将你们的保证金降低到最低限额？

口译：That is understandable, but I cannot be of any help in this regard. Why not consult your bank and ask them to reduce the required margin to a minimum?

Smith：We will certainly try to do so. To gain a competitive advantage in the market, I would suggest that you give me more favorable terms so we can make this transaction possible.

口译：我们当然要这么做了。为了能够在市场上具有竞争力，我建议贵方给我们更多的优惠条件，使我们可以达成这笔交易。

王经理：因为我们的价格具有竞争力，所以我认为你们在销售方面不成问题。为了促成双方之间的合作，我们做出让步，需要贵方开具 60 天远期信用证，怎么样？

口译：I don't think you'll have any difficulty in sales since our price is very competitive. To start the ball rolling, we will compromise by requiring payment term of L/C, say at 60 days?

Smith: Is that the best you can offer?

口译：这是你们所提供的最优惠条件吗？

王经理：是的。

口译：Yes.

Smith: Will it be possible for you to accept D/P terms in future transactions?

口译：在以后的成交中你方可否接受 D/P 付款？

王经理：有这个可能性，但是这次 L/C 是我方唯一接受的付款方式。

口　译：Maybe, but for the moment L/C is the only acceptable method.

Smith: All right. If that's the case. I'll accept L/C at 60 days' sight. To catch the Christmas selling season, when must I open the L/C if I want to receive the goods a month before Christmas?

口译：好吧。如果是这样的话，我方可接受 60 天远期信用证。为了能够赶上圣诞节销售季，如果我希望能在圣诞前一个月收到货，我什么时候必须开出信用证？

王经理：在发货日之前四个星期开出。

口译：Four weeks before date of shipment.

Smith：Could you expedite the shipment?

口译：能加快船期吗？

王经理：你催得太紧了，Smith 先生。四周是最低要求。你知道的，备货、准备装运单据、租船订舱，这一切都需要时间的。

口译：You are pressing hard, Mr. Smith. Four weeks is the minimum requirement. You know, getting the goods ready, making out the documents, and booking the shipping space, all takes time.

Smith：How long should the L/C be valid?

口译：L/C 有效期开到什么时候？

王经理：有效期开至装船日期 21 天。

口　译：The L/C should be valid for twenty-one days after the shipment date.

Smith：Then I'll have the L/C opened by fax as soon as early next week when I get home. If the order turns out to our satisfaction, you can expect repeat orders from us.

口译：那我回去后最快在下周初开出信用证。如果这个订单比较满意的话，我们会追加订单。

王经理：您尽可放心。货物一发出，我们就通知贵方。

口　译：You may be rest assured of that. We'll let you know as soon as the goods are shipped.

Smith：Thank you. I am glad that we've concluded the first transaction with you. I look forward to your shipping advice by fax.

口译：谢谢！很高兴能和贵方完成第一个订单。我希望看到贵方的传真装船通知。

王经理：好的。谢谢您的到来。再见！

口译：OK. Thanks for coming. Good-bye.

Smith：Good-bye.

口译：再见！

分析：

① "specimen contract" 指的是"合同样本"，并不是正式的合同。有关信用证条款的翻译我们在本书第二章商务合同的翻译中已经提及了，在此不再赘述。

② "Are there any alternatives?Could you make an exception in our case and accept D/P or D/A?" "Could you make..." 是一种有礼貌的请求对方接受的一种表达方式，在翻译的时候要把这种语气表达出来，译成"贵方能否……"。"make an exception" 指的是作为一个特例处理的意思，在这里翻成"破例"。

③ "恐怕不行，贵方知道……"译成 I'm afraid that's out of the question." 这是一种委婉拒绝的表达．翻译成"恐怕不行"，其实就是不行的意思。"out of question" 是"不可能"的意思。

④ "It that the best you can offer?"译为"这是你们所能提供的最优惠条件吗？"这是商务谈判中的底线，在这时口译员的口译一定要做到精准，否则可能导致严重失误。

⑤ "All right.If that's the case...before Christmas?"的翻译中涉及在很多条件下开出信用证，所以建议最好译成圆周句，即先说各个条件，把最重要的信息放在句子的末尾。这样翻译，对方的意图就能够表达得很明白。

任务五：包装发运的谈判

情境：当 Mr.Johnson 和王经理谈妥了价格、付款条款之后，双方又进入了发运和包装的谈判阶段。

对话：

Smith: Now that we ve satisfactorily dealt with the question of payment terms, honestly, I'd like to know if it's possible to effect shipment during April.

口译：现在我们已经圆满地谈完了付款条款的事情，老实说，我想知道四月份发运可以吗？

王经理：很抱歉我们不能四月发运。

口译：I'm sorry we can t effect shipment in April.

Smith：When is the earliest we can expect shipment?

口译：那发货的最早日期是什么时候？

王经理：我觉得应该在五月中旬。

口译：By the middle of May, I think..

Smith：That would be too late. June is the season for this commodity on our market. Besides, our customs formalities are rather complicated and will take quite a long time. You must deliver the goods before May, or else we won't be able to catch the shopping season.

口译：那就太晚了。六月是我们的商品上市的季节。还有，我们的海关手续很烦琐而且需要花费很长的时间。你们必须在五月前发货，否则我们就不能赶上销售旺季了。

王经理：这对于贵方来说当然很好。但是我必须指出的是我们工厂手里有很多延期交货的订单。恐怕提前交货对我们来说真有困难。

口译：It's all very well for you to say that. But I must point out that our factories have a lot of back orders on hand. I'm afraid it's really difficult to speed up the time any further.

Smith：I hope you can find some way for an earlier delivery. It means a lot to us. If we place our goods on the market after all the other importers have sold the same goods at a profitable price, we will lose profits.

口译：我希望你们想想办法吧。交货期对于我们来讲很重要。如果其他所有的进口商都以高价卖出了产品，这时我们才上市，那我们的损失将会很大。

王经理：那怎么办呢？我们将尽力在五月初提前发货。

口译：How's it then? We ll make an effort to advance the shipment to early May.

Smith：Good. I'll take your word for it. May I suggest that you put the date down on the contract?My Letter of Credit will be issued by early April.Other terms and conditions remain the same as previous dealings.

口译：好吧，说话算话啊！我建议将本日期写在合同上，怎么样？我将在四月初开出信用证。其他的条款都与原来谈的保持一致。

王经理：好吧。我们将尽一切努力提前发货。

口　译：All right.We'll do everything we can to advance the shipment.

Johnson：The products under the captioned contract should be packed in the international standard boxes，right?.

口译：本合同项下的产品需按照国际标准的纸箱进行包装。

王经理：好的。请相信我们。我们是专业的。

口译：Yes.You can trust me.We are professionaL

Smith：Thank you so much for your help.I hope the volume of trade between us will become even greater in the future.

口译：非常感谢贵方的帮助。我希望我们之间的贸易量在将来会有大的增幅。

分析：

①"You must deliver the goods before May，or else we won't be able to catch the shopping season."在这里，买方对于交货期有些急了，所以谈判的口译有些生硬，用到了"must"的表达，没有礼貌和商量的语气了，在口译时直接翻译出来即可，否则无法表达急切的口吻。

②"但是我必须指出的是我们工厂手里有很多延期交货的订单。"其实这时卖方的口气也是挺生硬的，双方争锋相对。"But I must point out that..."这时对于"必须"如前所述，直接翻译即可，无须加工。"back orders"的意思是"延期交货"，"未付清订货"的意思。

③"It means a lot to us."客户交底了，表示"交货期对于我们来讲很重要。"这时"it"不要再译成"它"，要译成"交货期"，这样意义更为明确。

④ "If we place our goods on the market after all the other importers have sold the same goods at a profitable price, we will lose profits. "此句的翻译照着原句的语序，译成圆周句，将条件放前，把最终的结果放在后面。

⑤ "make an effort to advance the shipment"是"努力提前交货"的意思。

任务六：有关索赔的谈判

情境：王经理是上海纺织品进出口总公司驻悉尼办事处的负责人，他们公司与澳大利亚贸易公司签订了一批棉织物订单，货物已发至目的地仓库，但是货物在运输中出现了一系列的问题，对此澳方提出索赔。王经理正在现场与澳大利亚贸易公司的购买经理 Smith 谈话，两人一起走向仓库查看索赔的问题。

对话：

Smith：Generally speaking, your delivery has been quite satisfactory. We have had nothing to complain about. But this latest shipment is so disappointing. We think we must make a complaint.

口译：总的来说，你们的发运工作是令人满意的。我们没有什么可抱怨的。但是最近的这批发货太令人失望。我们想我们必须提出申诉。

王经理：对于所发生的一切我们表示抱歉。你说有很多捆都损坏了，我希望不是太严重。

口译：We are very sorry for what happened. You said a number of bales were damaged. I hope it is not too serious.

Smith：Some were water-stained, some soiled. I think you won't be convinced until you have seen it with your own eyes.

口译：一些被水浸渍了，一些被弄脏了。我相信你亲眼看了以后就会相信的。

In the warehouse, packages are piled here and there. Some bales lie open, fabrics soiled and stained badly. They go nearer in order to have a close examination.

Smith：The bales seem to have been improperly packed, and they have become sodden.

口译：捆包好像没有按照要求来进行包装，都被水浸湿了。

王经理：但是当货物运出的时候，货物是包装良好的呀。

口 译：But the goods were in fine condition when they were shipped.

Smith：The result of our investigation said that this damage was caused sometime in transit, but it is the inadequate packing that makes the packages open in the first place.

口译：调查的结果显示是在运输的途中造成的损坏。但首先是包装不当造成了捆包张开浸水了。

王经理：你们有没有查过有多少破损的捆包仍然是能够使用的？

口译：Have you checked how much of the content of the damaged bales can still be used?

Smith：Yes. Most of the bales can be used. Here's the surveyor's report.

口译：查过了。大多数捆包是能够使用的。这里有检查报告。

Wang reads the report.

Smith：Ms. Wang, we are very anxious about this. We had counted on receiving the shipment to complete several orders. Now we'll have to keep our clients waiting. I'm sure we can count on your support to help us overcome the present difficulty.

口译：王女士，我们非常担心这件事。我们原指望收到这批货来完成几个订单。现在我们只有让我们的客户望洋兴叹了。我相信依靠你们的支持，会帮助我们战胜眼前的困难。

王经理：我们完全理解贵方的处境。事实上，这也是我到这来.的原因之一。那么，你们有什么好的建议来解决这个问题吗？

口译：We fully understand your position. In fact, that's one of the reasons I'm here. Well, what do you suggest for a settlement?

Smith: We are willing to accept the shipment if you allow an 18 percent reduction in price.

口译：如果贵方可以在价格上降低 18%，我们同意接受整批货物。

王经理：那降得太多了。报告上写的是只有 10% 的捆包是不能使用的。

口　译：That's a little too high. The report says that only 10 percent is unusable.

Smith: Yes, but it's quite a job to sort out the unusable fabrics.

口译：是这样的，但是挑选出不可用的面料也要做很多的工作。

王经理：好吧，那我们双方都各让一步，这笔货的价格降低 12%。而且对于你们的下一个订单，除了你们现在所取得的一些优惠之外，我们再给你们一些优惠条款。

口译：OK, let's make a concession, a 12% reduction in price on this shipment. And for your next order, we ll give you some favorable terms in addition to what you are getting from us now.

Smith: I appreciate your quick decision. We accept the proposal. I m glad we found a solution.

口译：谢谢贵方立刻做出的决定。我们同意你的提议。很高兴我们找到了解决方法。

分析：

①"We think we must make a complaint."在此口译中，不必拘泥于商务谈判中的礼貌用语，他在这里用到了"must"，表示他方感到这种情况很严重，所以在口译的时候无须再三斟酌，直译为"必须"即可。

②在"The result of our investigation...in the first place."中"in transit"是"运输途中"的意思。"inadequate packing"是"包装不当"的意思。转折之后的这个句子用到了"It is...that"这样一个强势句，表明"首先是包装不当"，表明买方确实认为是由于包装不当造成的货物破损。

③"双方各让一步"实际上就是"make a compromise"的意思，但在此

处如译成"make a compromise"表示"妥协、退让",并不恰当的意思。译成"make a concession"表示"双方各让一步",这样就具有了正面的含义。

任务七:结束谈判

情境:中国某进出口总公司的马经理在与某钢铁公司耐火材料购买部的业务经理 Patrick Green 先生经过一系列的谈判,最终签订了一笔耐火材料供应合同,谈判即将结束。

对话:

Patrick: Today I am glad that we have made a deal. We have made an agreement on the terms of quality, quantity, payment and delivery. And We have signed this contract. Everything is OK.

口译:今天我很高兴我们成交了。我们对于产品的质量、数量、付款条款和交货期等都达成了一致,我们签订了合同,一切进行得很顺利!

马经理:是的,我们也很高兴。这是我们双方的第一次合作,我们期待着以后在耐材领域我们有更多的合作。

口译:Yes. We are very happy to cooperate with each other for the first time. We are looking forward to further cooperation in the area of refractories.

Patrick: We are also looking forward to that. By the way, will you take part in Beijing Steel Products Exhibition held in May next year?

口译:我们也期待着这一天的到来。另外,你们参加明年五月在北京举办的北京钢铁产品展示会吗?

马经理:我们很有可能参加。按照惯例,我们每年都要去展会。

口译:We will probably go. As usual, we will go there annually.

Patrick: That's great! We will attend it and we will see each other soon. If your shipment this time is satisfactory, we will place another purchase order to you in the show.

口译:那太好了!我们要去参加,在展会上我们又能相见了。如果我们对你们此次的发货满意的话，在展会我会再给你们下一个购买订单。

马经理：我们会尽全力保证质量，按时发货的。另外也请贵方在规定的期限内开出信用证，以保证交货期。

口　译：We will do our hard to guarantee the quality and delivery.By the way, please open your L/C within the time limit so as to ensure your delivery.

Patrick：That will be no problem！Well，we both got the deal we want.I hope to see you in Beijing.

口译：那没有问题！我们都得到了我们彼此想要的。北京见！马经理：我也希望这样。

口译：I hope so！

Patrick：When is your flight to Beijing?This evening?

口译：你回北京的航班是什么时候？今晚吗？

马经理：今晚八点的，我现在要赶往机场了。

口译：At 8 p.m.I will leave for the airport.

Patrick：（See his watch）It is still early.Well，let's have dinner together.I will treat you the excellent beer and some special beef steaks.

口译：（看看表）时间还早。我们一起去吃晚餐吧！我请你喝最好的啤酒，再来点特色牛排。

马经理：谢谢！下次您来北京，我请您品尝地道的北京烤鸭。

口译：Thanks！I will treat you to Beijing Roast Ducks when you come to Beijing next time.

Patrick：It's a deal！Let's go！

口译：那我们一言为定！我们走吧！

马经理：好，我们一起去！，

口译：OK，let's go！

分析：

①"Today I am glad that we...Every thing is OK."一般在谈判结束的时候，都要将此次谈判所达成的结果总结一下。即使未达成一致，也要总结一下。

②在"If your shipment this time...in the show."中，"place an order"的意思是"下订单"；"purchase order"的意思是由买方给卖方所下的购买合同。

③谈判不是一方胜、一方败的结局。成功的谈判是双方达到了互利互赢的目标，也就是"We both got the deal we want."译成"我们都得到了我们彼此想要的。"

④谈判结束后，为了增进彼此的友好关系，也可以进行适当方式的社交。谈判的最终目的是以人为本，"people-oriented"；而绝不是以任务为本，即44task-oriented。

第四节　参观访问与教育合作

参观访问是交流学习的一项重要活动，一般人们参观工厂、学校、医院、博物馆和展览馆等地，参观工厂，可以了解工厂的组织结构、部门组成，还有公司的历史等情况；参观学校除了观赏校容校貌，还可以了解学校的发展历史、学科构建、教育教学和校园文化等，以便充分认识现代教育的特点。

一般来说，参观访问的口译属于交谈或介绍型口译。在参观访问中，既有一般性的交谈或访谈，也包括对参观场地和参观内容的介绍。工业参观访问实际上是一种新型的参观游览方式，主要是依托运营中的工厂、企业、工程等开展参观、游览、体验、等活动。口译的内容一般属于科技口译。科技口译专业技术性强，多用于科研、工农业生产和经济部门。接受科技口译任务之前，要确保掌握了一般口译技巧，熟悉双方要交谈的大致内容和专业领域，了解或掌握相关词语或术语。需要译员具备专业知识背景，科技口译的服务对象大多是中外专家和客户中的技术人员，对口译质量的准确性要求非常高。这种口译一般采取交替口译的方式来进行。交替翻译是指译员在说话人每讲完几句或一段话后自然停顿时，当即译给听众的翻译方式。这种方式可以用于交际一方单向连续讲话的情况，也可以用于交际双方连续交替式的谈话，因此，也叫连续翻译或即席翻译。在参观产品加工过程的同时，译员要特别注意相关产品性能或生产过程的翻译，因为这是参观者的参观目的。如果是参观博物馆、展览馆或学校等地，译员要根据实际情况，注意中西两种文化背景的差异，在等效的基础上向观众提供准确、易于理解的信息，在翻译过程中可以采取意译加直译的方式。

参观访问是口译中常见的一种专题形式。一般常见的参观访问地点为工厂、学校、医院、博物馆、展览馆等。参观访问的目的是加深了解、学习借鉴、交流合作等。如果口译者面对对话形式的参观过程，就要求译者注意力高度集中去收集信息，在翻译过程中要准确、迅速地传达说话人的原意，要有很好的语感和善于区分不同语音、语调、词汇和句法的能力。这样就要求译者要充分理解说话人的内容和目的，对接收的语言信息进行分析、解意、综合等加工处理后做出正确判断和理解，这种情况也可以使用同声传译的方式。如果是整篇的参观介绍，且表达非常正式，语言表达的信息又较为深刻丰富，则要求译者要掌握起码的基础知识，还要熟悉谈话主题相关的专业知识，尽量熟悉交际双方谈话的范围。所以译者要积累和扩充知识，丰富词汇，提高口译水平。

一、参观访问

（一）译前准备

背景介绍：中国外文局煦方国际China Matters记者来华为新研发中心参观。词汇准备如表4-8所示。

表4-8 参观访问的词汇准备

序号	词汇	翻译
1	telecom gear	通信设备
2	功率	power
3	爱立信	Ericsson
4	基站	base station
5	专利	patent
6	手机	sim card

（二）对话全文

听下列对话，进行中英、英中交替口译。（中方为 C；记者为 F。）

F：Hi，I'm Sam from China Matters. I'm very honored to visit the new research center of Huawei.

C：您好，我是华为新研发中心的工程师邹博士。接下来将由我带领您参观中心。

F：Huawei is now 12 months ahead of its rivals like Nokia and Ericsson because of its superior technology especially in 5G. I'm very curious about the 5G technique and what is powering Huawei.

C：好的，希望今天的参观过程将会满足你的好奇心。请这边走。

C：这里是 5G 无线基站，那是 4G 无线基站。在 4G 时代，无线基站的平均功率约为 300 瓦。在 5G 时代，平均功率高达 1 000 瓦。这意味着功率是原来的三倍多。

F：Awesome! I have just heard that Huawei has been developing telecoms gear to handle higher 5G performance. But how does this 5G wireless base station work?

C：5G 基站是必不可少的通信设备，它以超高的速度向我们的移动设备传输信号。由于 5G 基站的数据传输速度更快，其消耗的能量更多，温度也会越来越高，因此需要研发新的冷却技术。你可以看到里面有一种特殊液体，不是水，这个液体很特别，它的沸点是 18℃。华为有很多像我一样的工程师，正在研究如何通过巧妙的设计和材料的使用来改变部件内热气流的流速和方向，从而达到散热的目的。

F：I think these designs by your team have been funded by Huawei's massive investment in research. I have heard that the investment spent on research is more than the total of its rivals combined.

C：是的。截止到 2017 年，华为的研发经费已经高达 130 亿美元，到 2019 年为止，华为几乎包揽了 5G 中最重要的专利科技，高达 2 570 个，全球占比

20%。这些专利技术成为推动 5G 在国内外发展的最坚实的保障。

F：Excellent!But please allow me to interrupt, what you said before is too technical. Could you please introduce me to some applications about 5G techniques in our daily life?

C：当然。请跟我来这边。大量的研发投入使得一项项新的技术应运而生，室内数字系统就是其中之一。有了它，就算你用的不是 5G 手机，也可以在室内接收 5G 信号。

F：So does that mean we can enjoy 5G at home even withouta 5G mobile phone?

C：是的。

F：With the 4G network, I especially struggle to make video calls. That's probably because the speed is slow, and somehow the screen freezes from time to time, which I find to be annoying. This DIS is such an amazing product!

C：是的，当然你也可以用 4G 的手机卡，或者在 4G 和 5G 卡之间自由切换，都没有问题。华为的手机基站可以同时支持这两种选择。

F：At a time when many of the world's 5G players have been held back by the high cost of setting up more 5G base stations. Huawei is offering a solution. I do admire your company.

C：谢谢您的赞美，接下来请让我带您参观推动基站实现"极简"模式的研发核心——"天罡"芯片。请这边走。

（三）词汇拓展

1. 参观访问常见词汇

①安排访问 schedule a visit

②参访团 visiting group/party

③出国考察 go abroad on a tour of investigation; go abroad on a study tour

④代表团长 delegation; deputation; mission

⑤代表团的正式成员 the full member of the delegation

⑥代表团长 head/leader of a delegation

⑦中国代表 Chinese delegation；dedegation from China

⑧短期访问 brief/short visit

⑨访问学者 visiting scholar

⑩进行国事访问 make/pay a state visit

⑪ 考察 inspect，observe and study

⑫ 实地考察 make an on-the-scene investigation

⑬ 礼节访问 courtesy visit

⑭ 谢绝参观 Not open to visitors

⑮ 致以诚挚的问候 extend one's cordial greetings

2. 解说词——以北京邮电大学为例

北京邮电大学是中华人民共和国教育部直属、首批进入"211 工程"建设的全国重点大学，是一所以信息科技为特色，工学门类为主体，工管文理相结合的多科性大学，是信息科技人才的重要培养基地。

Directly under the administration of the Ministry of Education，Beijing University of Posts and Telecommunications（BUPT） is a national key university built preferentially in the national Project 211. BUPT is a comprehensive university with information and telecommunication technology as its main feature，engineering and science as its main focus and a combination of engineering，managementhumanities and sciences as its main pursuit，which has become an important base for fostering IT talents.

学校现设有信息与通信工程学院、电子工程学院、计算机学院、软件学院、经济管理学院、人文学院、理学院、国际学院、网络教育学院等 14 个学院。学校拥有国家重点实验室、教育部重点实验室和北京市重点实验室，以及国家一级重点学科和北京市重点学科。

BUPT has 14 schools：School of Information and

Telecommunications Engineering, School of Electronic Engineering, School of Computer Science, School of Software Engineering, School of Economics and Managements School of Humanities, School of Sciences, International School, and School of Network Education etc. The university has ministerial, municipal and national key laboratories and municipal and national key disciplines.

学校现开设 43 个本科专业、45 个硕士专业、两类专业学位硕士、14 个博士专业教育教学课程，并建立了 5 个一级学科博士后流动站。学校现有全日制本硕博及留学生约 27 000 余名，正式注册的非全日制学生约 55 000 名。学校注重开展对外合作交流，已同美国、英国、德国、瑞典、法国等 40 个国家以及港澳台地区的 66 所大学建立了学术方面的校际合作交流关系，并与世界著名通信公司开展了富有成就的合作，为培养学生具有现代意识和国际意识创造了良好的氛围。

Currently, over 27 000 full-time undergraduates, graduates, PhDs and international students?and about 55 000 registered part-time students are studying under 43 undergraduate programs, 45 graduate programs, two types of professional master degree programs, 14 doctoral programs and 5 postdoctoral programs. BUPT attaches great importance to the exchange and cooperation with other higher learning institutions both at home and abroad and has established inter-university academic exchange programs with over 66 universities from 40 countries, including the United States, the United Kingdom, Germany, Sweden and France and with those from the regions of Hong Kong, Macao, and Chinese Taipei. BUPT has also cooperated successfully with many world-renowned enterprises in telecommunications to create a better environment for students to develop their modern and international consciousness.

北京邮电大学在"团结、勤奋、严谨、创新"的校风、"厚德、博学、敬业、乐群"的校训和"崇尚奉献、追求卓越"的北邮精神的引领下，聚精会神打造学校的核心竞争力，以建成信息科技特色突出、工管文理协调发展的世界高水平大学而努力奋斗。

Guided by its morals of being United, Diligent, Rigorous and Innovative, following its motto of striving for Great Virtue, Profound Knowledge, Total Commitment and Harmonious Cooperation and the spirit of Valuing Dedication and Pursuing Excellence, BUPT is growing in its main strength and striving to become a world-class university specializing in information and telecommunications technology with a balanced development of all disciplines.

二、教育合作

（一）译前准备

背景介绍：外媒记者采访伦敦玛丽女王学院－北京邮电大学合作交流项目负责人陈月。

词汇准备如表 4-9 所示。

表 4-9　教育合作的词汇准备

序号	词汇	翻译
1	BUPT (Beijing University of Posts and telecommunications)	北京邮电大学
2	Information and Communication Engineering	信息通信工程
3	Queen Mary University of London	伦敦大学玛丽女王学院
4	Telecommunications Engineering with Management	电信工程与管理
5	E-Commerce Engineering with Law	电子商务与法律
6	Internet of Things Engineering	物联网工程
7	accredited	（官方）认可的
8	awareness of engineering ethics	工程伦理意识
9	EECS (Electronic Engineering and Computer Science)	电子工程与计算机

（二）对话全文

听下列对话，进行中英、英中交替口译。

J：Hi Ms.Chen! Could you introduce yourself to our online audience?

C：好的，我是陈月，2003 年开始在玛丽女王学院工作。现在是伦敦玛丽女王学院－北京邮电大学合作项目主任。

J：Could you tell me a bit about the BUPT Program?

C：好的。这个合作项目是由伦敦玛丽女王学院和北京邮电大学联合举办的双学位本科项目，始于 2004 年。北京邮电大学是中国一流大学之一，在信息和通信工程领域排名第一。合作项目的理念是将两国教育体系的优势结合起来。

J：How is the teaching program organized?

C：目前我们有三个学位课程，三个专业是：电信工程及管理、电子商务与法律和物联网工程。在教学方面，整个课程由两所大学共同设计，大约一半课程由北京邮电大学教授，另一半由玛丽女王学院教授。

J：Who arc the students on the program?

C：我们通过高考选拔招生，今年招生 680 人，他们来自中国各地，遍布 30 多个省份。

J：What have been some challenges of managing the Joint Program?

C：合作项目是一种特殊的跨国项目，作为东道主大学玛丽女王学院，我们为中国学生提供学位。因此，我们面临着其他跨国教育项目面临的一样的挑战：一方而保证项目质量符合英国标准；另一方面要调整教学风格，使之适应中国背景下的学生。这是我们在执行这个项目时面临的挑战之一。

J：What have been some of the benefits?

C：优势嘛，从学生的角度来说，这些有天分的学生可以得到更多的学习机会。如果没有这个合作项目，就没有这样的机会。此外，学生可以不用出国就能接触中英两国的教育系统。从学校的角度看，这个合作项目通过提升教育合作，提升了玛丽女王学院和北京邮电大学的国际知名度。

J：Why is the program important for Queen Mary?What do you think its wider impact will be?

C：正如西蒙指出，国际化是一个现代化大学发展的战略计划。玛丽女王学院坐落于伦敦，教职员工和学生都来自世界各地，已经具备很高的国际化程度。这个国际合作项目提升了我校跨国教育的可信度。我们学生的毕业去向显示，迄今为止，已经有三千余名毕业生，其中大约 80% 选择在中国或海外继续修读研究生学位，其余 20% 选择直接进入职场。我们为毕业生的成就深感自豪。大学追求的目标之一，就是培养学生，让他们有更好的未来，这对学生和学校而言都是非常有益的事情。

J：What do the students get out of the program, aside from the qualification?

C：我认为学生还可以获得丰富的学习经验，接触不同国家的教师和课程。举个例子，我们引入个人发展计划，这是一个特别设计的模块，旨在培养学生的通用技能、工程伦理意识、研究评估能力等。与传统学位课程的学生相比，这个模块丰富了他们的学习体验。我们还努力为中英两国的学生组织交流活动。由于时空的差距，组织这样的活动不太容易。不过我很高兴地看到，从这个学年开始，我们举办了"设计与建造"夏令营。其实本周就在进行，有 10 个中国学生去了伦敦，和玛丽女王学院电子工程与计算机专业的学生一起做设计和建造项目，准备最后的比赛。这是个好活动，希望在未来持续下去。

J：Finally, do you have any advice for colleagues who might be embarking on similar transnational educational projects?

C：在我看来，良好的质量是任何跨国项目可持续运作的关键，对不同教育体系的深入了解至关重要。要建立双学位项目，必须确保课程满足双方的要求，学生应具备成为未来工程师所需的技能，以满足市场的需要。除了质量把控和良好计划外，积极进取、高效工作的团队也是必不可少的。我们的工作人员对这个项目非常投入，工作一直非常努力。虽然这项工作是一个挑战，但也很有益处。

（三）词汇拓展

下面是学校教育科研词汇。

①博士后科研流动站 center for post-doctoral studies

②短训班 short-term training course

③岗位培训 undergo job-specific training

④国家发明奖 National Invention Prize

⑤国家教育经费 national expenditure on education

⑥国家科技进步奖 National Prize for Progress in Science and Technology

⑦国家自然科学奖 National Prize for Natural Sciences

⑧副教授 associate professor

⑨客座教授 visiting professor

⑩名誉教授 honorary professor

⑪公费生 government-supported student

⑫旁听生 auditor（美）/guest student（英）

⑬实验员 laboratory technician

⑭特级教师 Teacher of Special Grade

⑮学院院长 Dean of College

⑯学术报告会 / 专题讨论会 symposium

⑰学术活动 academic activities

⑱研究所所长 director of research institute

⑲院士 academician

⑳助理研究员 research associate

㉑助理实验师 assistant experimentalist

㉒助理讲师 assistant lecturer

㉓综合性大学 comprehensive universities

㉔理工院校 colleges of science and engineering

㉕农林院校 agricultural colleges

㉖师范院校 normal universities and colleges

㉗医药院校 medical colleges

㉘财经院校 colleges of finance and economics

㉙政法院校 colleges of political science and law

㉚德才兼备 to combine ability with character, equal stress on integrity and ability

㉛启发式 elicitation method（of teaching）, heuristic method

㉜产学研"三结合" "3-in-1 combination" involving teaching, research, and production

㉝学校配有现代化的教学设备并运用现代化的教学手段，以保证教学目标的实现。The university is equipped with advanced teaching facilities and modernized teaching methods so as to guarantee the realization of education targets.

参考文献

[1] 刘钊．维和英语口译教程 [M]．长沙：国防科学技术大学出版社，2022.07.

[2] 齐涛云，齐涛云．商务英语翻译教程口译第 3 版 [M]．北京：中国水利水电出版社，2022.10.

[3] 吴冰．高等学校英语专业系列教材现代汉译英口译教程第 3 版 [M]．北京：外语教学与研究出版社，2022.10.

[4] 王葵．商务口译思维、实践与教学 [M]．北京：中国商务出版社，2022.03.

[5] 刘建珠，吴文梅，万文娟．口译技能训练教程第 2 版 [M]．武汉：武汉大学出版社，2022.06.

[6] 张积模，江美娜．英汉口译教程系列实用英汉酒店口译 [M]．北京：化学工业出版社，2022.05.

[7] 崔玉梅，曾用强，袁洪．商务英语口译第 2 版 [M]．重庆大学出版社有限公司，2021.10.

[8] 陈水平，何高大．新发展商务英语口译教程 [M]．北京理工大学出版社有限责任公司，2021.09.

[9] 沈国荣．英汉口译理论与实践 [M]．河南大学出版社有限责任公司，2021.12.

[10] 蒋莉华．英汉口译实战与实用技术教程学生用书 [M]．湖南师范大学出版社有限公司，2021.09.

[11] 苏伟．语言测试与评估专题研究丛书本科阶段基于量表的口译评估研究 [M]．外语教学与研究出版社有限责任公司，2021.08.

[12] 许艺．口译入门表达训练 2021 版 [M]．北京：电子工业出版社，2021.07.

[13] 李平．信息科技英语口译入门 [M]．北京：北京邮电大学出版社，2020.11.

[14] 智慧．商务英语笔译与口译 [M]．西安：西北工业大学出版社，2020.02.

[15] 梁洁．商务英语口译教程 [M]．北京：冶金工业出版社，2020.07.

[16] 付艳丽．简明商务英语口译教程 [M]．中译出版社，2020.03.

[17] 常俊跃，陆文玥，张华慧．商务英语口译 [M]．北京师范大学出版社（集团）有限公司，2020.08.

[18] 赵冰．实用英语翻译口译与笔译 [M]．北京：中国纺织出版社，2020.03.

[19] 耿立，罗仁家．高等学校应用英语专业系列教材应用英语专业口译教程基础篇 [M]．重庆：重庆大学出版社，2020.10.

[20] 温倩．商务谈判口译运用测试研究 [M]．北京：北京邮电大学出版社，2020.07.

[21] 邓军涛．信息化口译教学资源教程 [M]．武汉：武汉大学出版社，2020.06.

[22] 欧阳倩华．基础口译 [M]．上海：上海交通大学出版社，2020.

[23] 张丽华．专题口译 [M]．北京：外语教学与研究出版社，2020.08.

[24] 商舞．基础口译教程 [M]．北京：清华大学出版社，2020.01.

[25] 余怿，吴忻悦．口译入门笔记法 [M]．北京：电子工业出版社，2020.12.

[26] 康志峰．认知口译学 [M]．上海：复旦大学出版社，2020.06.

[27] 罗菁，熊伟．英汉口译笔记法教程 [M]．武汉：武汉大学出版社，2020.08.

[28] 杨科，张纯辉，黄岚．英语口译译员职业认知发展框架研究 [M]．长春：吉林人民出版社，2019.05.

[29] 李庆明．科技英语口译教程 [M]．北京：科学出版社，2019.11.

[30] 彭浩．英语口译教学探索与实践 [M]．吉林出版集团股份有限公司，

2019.06.

[31] 李杨．英语口译技巧与人才培养研究 [M]．吉林出版集团股份有限公司，2019.08.

[32] 吴华英，谢玉珍．跨文化视角交际与口译教程 [M]．武汉：华中科技大学出版社，2019.06.

[33] 杨科，李庆建，苗燕．基础实战口译教程 [M]．长春：吉林人民出版社，2019.12.

[34] 王华树，李智．商务馆翻译研究丛书口译项目管理 [M]．北京：商务印书馆，2019.08.

[35] 张琳萍．英语口译理论与实务研究 [M]．成都：四川大学出版社，2018.09.

[36] 李菲．英语基础口译 [M]．延吉：延边大学出版社，2018.06.

[37] 黄真真，吴磊．商务英语口译实务 [M]．上海：上海交通大学出版社，2018.12.

[38] 黄岩，隋丹妮，关明孚，符蕊，赵唱白．实用英语口译实训教程 [M]．北京：清华大学出版社，2018.04.

[39] 涂伶俐，丁小龙．英语口译教程第 2 版 [M]．上海：复旦大学出版社，2018.05.